INSIDER TIPP **Rudern im Bauch des Bergs**

Eine romantische Ruderbootfahrt ist nur eine der vielen Attraktionen im ehemaligen Salzbergwerk in Turda, der Saline mit k.u.k.-Flair und dem einem Raumschiff ähnelnden Eingangsbereich → S. 54

INSIDER TIPP **Bären beobachten**

In den Karpaten leben in freier Wildbahn noch rund 6000 Braunbären; Führungen bringen Sie zu ihren Futterplätzen (Foto u.) → S. 104

INSIDER TIPP **Halbe Steine und Ruhe pur**

In Michelsberg bei Hermannstadt wartet am Silberbach die reine Erholung auf Sie. Über dem Ufer spannt der „halbe Stein" schon seit der Kreidezeit aus → S. 57

INSIDER TIPP **Siebenbürgerische Pizza**

Auf dem Markt von Sibiu und in Michelsberg bekommen Sie noch Hanklich, die traditionelle, flache, süße Festspeise → S. 27, 56, 58

INSIDER TIPP **Spaß im wilden Wasser**

Abenteuersuchende können sich bei Raftingtouren auf den Flüssen und Bächen in den Karpaten versuchen. Wem das nicht reicht, der tobt sich schon vor der Fahrt handwerklich tüchtig aus und baut sein Floß im siebenbürgischen Hochland selbst → S. 105

INSIDER TIPP **Ungarisch schlemmen**

Wer die ungarische Küche mag, der ist in Tamás Bistro im siebenbürgischen Dorf Săvădisla nicht weit von Cluj entfernt bestens aufgehoben. Dort essen Sie ungarische Spezialitäten, sitzen dabei in alten Kutschen und genießen das Landleben → S. 53

INSIDER TIPP **Wie vor hundert Jahren**

Rund um Gârda de Sus im Apuseni-Gebirge gibt es nicht nur die Eishöhle Scărișoara zu entdecken, sondern auch eine nahezu unberührte Bauernidylle. Lassen Sie sich in einer der vielen Pensionen verwöhnen (Foto o.) → S. 38

BEST OF ...

TOLLE ORTE ZUM NULLTARIF
Neues entdecken und den Geldbeutel schonen

● *Alte Dampfloks gucken*

Reșița, die alte Industriestadt im Banater Bergland, ist eine Hochburg für Eisenbahnfans. Am Hauptbahnhof hat man für sie ein *Museum für alte Dampflokomotiven* eingerichtet; der Eintritt ist frei → **S. 36**

● *Kostenlos über die Berge*

Andere europäische Pässe kosten Geld, die *Transfogarascher Hochstraße* und die *Transalpina* sind mautfrei. Die Transfogarascher führt Sie zum Bâlea-Gletschersee (Foto) in 2000 m Höhe. Auf der Transalpina überqueren Sie die Karpaten von Nord nach Süd → **S. 73, 104**

● *Heiße Quellen für müde Glieder*

Im Cerna-Tal nahe Bäile Herculane kuren Sie umsonst in heißem Thermalwasser. Die *Șapte izvoare* – sieben Quellen – bilden natürliche kleine Becken mit wohltuend heißem Wasser → **S. 42**

● *Surfen an frischer Luft*

Bukarest hat ein Herz für mobile Internetsurfer mit Frischluftbedarf: Dank gratis Hotspots auf den Stufen des Nationaltheaters, am Springbrunnen des Universitätsplatzes und im Cișmigiu-Park sind Sie mit Tablet oder Laptop online unter freiem Hauptstadthimmel → **S. 71**

● *Wo Riesen zur ewigen Ruhe sich betten*

Wer die vielen welligen Erhebungen bei Movile sieht, meint darin die Gräber von Riesen zu erkennen. Für Geologen sind sie schlicht durch Erdrutsche verursachte Erhebungen. Schön sind die Hügel in jedem Fall, dabei ganz umsonst zu bewandern und bewundern → **S. 101**

● *Wo der Schlamm spritzt*

Für heilsame Schlammbäder müssen Sie eigentlich in die Tasche greifen. Nahe Berca blubbert es kostenlos. Erdgas lässt es hier aus Schlammpfützen, *Pâclele Mari,* manchmal richtig schön spritzen. Sicher, ganze Bäder nehmen Sie eher unfreiwillig, aber unterhaltsam und lehrreich ist der Besuch allemal → **S. 108**

●●●● Diese Punkte zeichnen in den folgenden Kapiteln die Best-of-Hinweise aus

● *Jeder Markt ein Stück Rumänien*

Landauf landab locken die Bauernmärkte – jeder ein authentisches Stück Rumänien. Auf dem *Markt am Huetplatz* in Sibiu setzt man neuerdings gar auf bio – decken Sie sich hier mit ökologisch erzeugtem Käse, mit Wurst, Brot, selbstgemachter Konfitüre und traditionell gebackenem Kuchen ein → S. 28, 56

● *Architektur ganz aus Holz*

Holztore und -kirchen sind typisch für die Maramureș. Eine der schönsten finden Sie in Surdești (Foto). Legen Sie den Kopf in den Nacken und staunen Sie: Der 54 m hohe Glockenturm ist die höchste Holzkonstruktion Europas → S. 35

● *Käse von der Straße*

Rumäniens Nationalkäse *burduf* wird aus Schafsmilch hergestellt und in Darmhäute oder Tannenrinde gesteckt. Er schmeckt köstlich würzig und bleibt für gewöhnlich zwei Tage ohne Kühlung frisch. Den besten *burduf* bekommen Sie an der Straße – zwischen Brașov und Sibiu verkaufen Bauern ihren Käse vom Straßenrand aus → S. 28

● *Burg? Kirche? Beides!*

Ab dem 12. Jh. errichteten die Siebenbürger Sachsen die einzigartigen Wehrkirchen und Kirchenburgen, die diesem Landstrich ihren Namen gaben. Sieben von ihnen stehen heute auf der Weltkulturerbeliste der Unesco. Die prächtigste sehen Sie in *Biertan (Birthälm)* → S. 57, 59

● *In der Welt der Orthodoxie*

Die orthodoxen Christen zeichnen sich durch ein sinnlich-emotionales Gottesverhältnis aus, wobei die überlieferten Rituale eine wichtige Rolle spielen. Wer eintauchen möchte in diese Welt, sollte unbedingt einen Gottesdienst in einer kleinen Dorfkirche an einem hohen Feiertag, z. B. an Ostern oder zu Mariä Himmelfahrt besuchen → S. 110, 111

● *„Schäfers Brotsack"*

Deftiger geht's nimmer: Das Original dieser Spezialität bekommen Sie im *Sibiul Vechi* in Hermannstadt. Der aus gegrilltem Schweinefleisch geschnürte „Brotsack" (*traista ciobanului*) wird mit in der Pfanne geschwenkten Wurst- und Käsestücken gefüllt. Dazu gibt es Maisbrei (*mămăligă*) mit Käsesoße → S. 56

TYPISCH

BEST OF ...

REGEN

● **Unter Tage**

Im einstigen *Salzbergwerk in Cacica* tut sich eine unterirdische Welt mit Salzwassersee, Tanzsaal, Salzskulpturen und einer Kapelle auf, die der Schutzpatronin der Bergleute geweiht ist → S. 108

● **Buntes Römerrelikt**

Kein Badewetter am Schwarzen Meer? Macht nichts, schauen Sie sich im archäologischen Museum in Constanţa das *antike Mosaik* an, das die Römer zurückgelassen haben. Während es draußen prasselt, betrachten Sie in aller Ruhe die hübschen bunten Steinchen → S. 87

● **Geschichte und Geschichten**

Der Historie des Banats gehen Sie in der alten *Hunyadenfestung* in Timişoara auf den Grund. Dort ist das *Geschichtsmuseum* untergebracht, wo Sie auch erfahren, dass Temeswar 1884 als erste europäische Stadt nachts elektrisch beleuchtet war → S. 40

● **Im zweitgrößten Gebäude der Welt**

Nahezu unvorstellbar groß – 450 000 m² misst das Parlamentsgebäude in Bukarest, zweitgrößtes Gebäude der Welt nach dem US-Pentagon. Nicht unbedingt schön, aber einen Besuch wert → S. 65

● **Wo Dracula gern gelebt hätte**

Bei gruseligem Wetter genau das Richtige: *Schloss Hunedoara*. So verwinkelt, so romantisch und so unheimlich – kein Wunder, dass Wunschdenken daraus den Wohnsitz von Graf Dracula machte (Foto) → S. 53

● **Bizarrer Architekturmix**

Die *Machmudija-Moschee* in Constanţa fasziniert mit einer einzigartigen Architekturmischung: Ägyptisch-byzantinische Elemente stehen neben rumänischen. Vom fast 50 m hohen Minarett blicken Sie auf die ganze Umgebung und halten Ausschau nach blauem Himmel → S. 87

ENTSPANNT ZURÜCKLEHNEN
Durchatmen, genießen und verwöhnen lassen

● Ganz cool relaxen

Im Iglu muss man klappern? Denken Sie! Im *Eishotel* am Bâlea-Gletschersee sorgen komfortable Matratzen, Felle und kuschelige Decken dafür, dass Sie sich trotz Minusgraden extrem behaglich fühlen und in aller Ruhe die funkelnden Eiskristalle an der Igludecke studieren können → S. 105

● Ländliches Verwöhnprogramm

Abseits allen Trubels verwöhnt Sie auf dem einstigen Pfarrhof im siebenbürgischen Richiş (Reichesdorf) in der ländlichen Pension *La Curtea Richvini* das gastfreundliche Ehepaar Timmerman nach Strich und Faden – mit leckerem Frühstück und traditionellen Gerichten → S. 57

● Salz auf der Haut

Salzhaltiges Wasser gilt als Gesundbrunnen. In Siebenbürgen finden Sie gleich zwei Heilbäder zum Entspannen: Im *Kurzentrum Expro* in Bazna können Sie sich das ganze Jahr über verwöhnen lassen. Fünf salzhaltige Seen in *Sovata*, allen voran der große *Bärensee (Lacul Ursu, Foto)*, sind im Sommer ein wohltuendes Ziel → S. 59, 101

● Oase im Fluss

Das große Freibad *Neptun* liegt auf einer Insel im Fluss Mureş in Arad und lockt mit viel Grün, viel Platz und zwei Thermalwasserbecken. Lassen Sie es fließen! → S. 42

● Idyllische Ruhe in den wilden Karpaten

Urlaub in aller Abgeschiedenheit auf dem ehemaligen Gutshof der Grafenfamilie Mikes im Szeklerland: Die *Dobrica Hunting Lodge* bietet Ihnen das perfekte Ambiente für einen ganz und gar ungestörten Urlaub → S. 59

● Vom Schiffsdeck aus die Wasserwelt betrachten

Keine Lust auf Paddeltouren? Lassen Sie die herrlich verwunschene Landschaft des Donaudeltas ganz gemütlich und gemächlich während einer *Kreuzfahrt* von Tulcea aus an Ihnen vorbeiziehen → S. 92

AUFTAKT

ENTDECKEN SIE RUMÄNIEN!

„Um Gottes willen, was wollt Ihr denn da?" Das ist wohl die häufigste Frage, die Reisende zu hören bekommen, die einen Rumänienbesuch planen. Ja, was kann man denn in diesem Land am Rand der EU wollen? In einem Land, das die meisten nur aus gelegentlichen Schlagzeilen zu Korruption oder Diskriminierung kennen? Sie würden sich wundern.

Denn in Rumänien gibt es eigentlich alles, was Reisende wünschen: Wer Ruhe sucht und Abgeschiedenheit, der findet sie in den herrlich einsamen, unberührten Bergen der Westkarpaten, in den vielen stillen Klöstern mit wunderbar bemalten Fassaden wie Sucevița in der Nordmoldau und in der sanften Hügellandschaft Siebenbürgens, etwa im dünn besiedelten Harbachtal (Valea Hârtibaciului), in dem das Leben einen ruhigen Takt schlägt. Sportfans wie Motorradfahrer oder Kletterer werden ebenso bedient wie Liebhaber von Kultur. So besitzt etwa das Brukenthalmuseum in Sibiu eine wertvolle Sammlung von Gemälden europäischer Malschulen des 15. bis 18. Jhs. In Baia Mare schätzen Kenner das Museum der dortigen Künstlerkolonie, deren Mit-

Bild: Biertan (Birthälm) in Siebenbürgen

„Bibel der Armen": die prachtvollen Außenfresken am Kloster Humor in der Bukowina

glieder einen bodenständigen, einzigartigen Impressionismus pflegten. Kulturtouristen freuen sich auch auf die vielen Kirchenburgen in Siebenbürgen, 200 waren es einmal, 18 davon sind nun durch ein EU-Projekt vernetzt und werden teilsaniert. An Architektur und Geschichte Interessierte kommen ebenfalls auf ihre Kosten: Von den Ruinen griechischer und römischer Städte z. B. in der Dobrudscha bis hin zu den wunderschönen Jugendstilbauten etwa in Temeswar (Timişoara) und Oradea bietet Rumänien eine große Vielfalt. Wer lieber baden oder angeln geht, der sollte ins Donaudelta fahren oder an die breiten Sandstrände der Schwarzmeerküste ziehen. Kurzum, hier findet jeder das, was er sucht. Vorausgesetzt, er bringt eine gehörige Portion Geduld und Offenheit mit, denn Rumänien ist kein gewöhnliches Reiseland. Hier werden Sie als Gast und nicht als Fremder behandelt. Natürlich mangelt es da und dort noch an touristischer

Klöster, Kirchenburgen, römische Ruinen, Jugendstilbauten

2000 v. Chr.–7. Jh. n. Chr.
Daker und Geten; 1. griechische Siedlungen; 106 römische Provinz; Goten, Hunnen, Slawen, Ungarn, Tataren durchziehen und unterwerfen z. T. das Land

7.–10. Jh.
Erste Fürstentümer in der Moldau und der Walachei

1150
Ungarns König Geza II. holt deutsche Siedler und den Ritterorden ins Land

15.–16. Jh.
Türkische Herrschaft über Moldau, Walachei und Transsilvanien

1699
Siebenbürgen kommt zu Habsburg

Infrastruktur, aber eben das macht den Reiz einer Rumänienreise aus. Sie brauchen keine ausgetretenen Touristenpfade nehmen, sondern können selbst auf Entdeckungstour gehen. Hauptsache, Sie

„Ein humorvolles trauriges Land"

lassen sich ein auf Rumänien, machen sich ganz unvoreingenommen auf den Weg in dieses einzigartige Land. Denn wer einmal dort war, der kommt immer wieder. Schon allein deshalb, weil es noch so viel zu entdecken gilt.

Rumänien mit seinen rund 19,6 Mio. Einwohnern ist seit 2007 Mitglied der EU und liegt umgeben von Bulgarien und Serbien im Süden, der Ukraine im Norden, Ungarn im Westen, Moldawien im Osten und dem Schwarzen Meer im Südosten. Das Land kuschelt sich regelrecht um den Karpatenbogen herum und in sein Inneres hinein. Die mit Selbstironie gesegneten Rumänen – der Dichter George Bacovia war darin ein Meister, sein meistzitierter Vers heißt „ein humorvolles trauriges Land" – sind herzliche, offene Menschen. Ihre Gastfreundschaft zeichnet sie besonders aus, ist eine Konstante in dem über die Jahrhunderte gebeutelten Land. So kann es Ihnen durchaus passieren, dass sie in einem Dorf irgendwo in Siebenbürgen spontan zu einer Hochzeitsfeier eingeladen werden. Oder zu einem Glas Tzuika oder Wein. Schlagen Sie solche Einladungen keinesfalls aus, es wäre eine Beleidigung für die Gastgeber.

Für Rucksacktouristen ist Rumänien eine reizvolle Herausforderung. Sie kommen bei Touren durch die atemberaubende Landschaft in den Apuseni, der Maramureș, Siebenbürgens und der Bukowina auf ihre Kosten. Wer Neugier, etwas Abenteuerlust und Kommunikationsfreude mitbringt, vermag im Karpatenland eine Menge zu ent-

1859 Vereinigung von Moldau und Walachei

1877–1881 Karl von Hohenzollern-Sigmaringen wird König Carol I.

1918 Siebenbürgen kommt zu Rumänien

1940 Militärdiktatur; Pakt mit Hitler-Deutschland

1944 König Mihai stürzt das Militär; Kriegseintritt Rumäniens gegen Deutschland

1947 Kommunisten regieren, der König geht ins Exil

decken, wenn er es auf eigene Faust erkundet. Vor allem in den Dörfern und Tälern tut sich eine Vielfalt an Sitten und Bräuchen auf, beeinflusst von Orient, Okzident und der heidnischen Vorgeschichte.

Der Zustand der Landstraßen hat sich deutlich gebessert – was aber nicht heißt, dass nirgendwo mehr ein Schlagloch anzutreffen wäre. Nicht nur deshalb sollten sich Autofahrer auf den verführerisch ebenen Straßen nicht zum Rasen verleiten lassen. Gebirgsserpentinen und Fernstraßen werden auch von Fußgängern und unbeleuchteten Pferdewagen benutzt. Der Zugverkehr hat sich nicht entscheidend verbessert. Zuverlässige, aber langsame Verbindungen gibt es nur zwischen den größeren Städten. Der Nahverkehr ist eine Katastrophe. Kurze Wege dauern aus unerfindlichen Gründen Ewigkeiten; die meisten Pendler fahren deshalb einfach per Anhalter. Anders die Unterkünfte: Langsam und leise sind v. a. in Siebenbürgen und in der Bukowina blitzsaubere private Pensionen entstanden, ein Netz von Privatquartieren bei Bauern hat sich entwickelt. Auf die Tristesse realsozialistischer Hotels ist keiner mehr angewiesen.

Was Fremde in Rumänien immer wieder verblüfft, ist das scheinbar unglaubliche Nebeneinander von Dingen und Zuständen, die nicht zusammenpassen. Auf dem Land stehen bittere Armut, Aberglaube und Analphabetismus neben dem Neureichtum der jüngeren Generation, die es dank Gastarbeit im Westen zu Einfamilienhaus und Auto gebracht hat. In Bukarest swingt die aufstrebende Jugend zwischen Handy und Internet, daneben stehen Horden von Bettlern. Kinder leben auf der Straße, kommunizieren aber per E-Mail.

Nach 1989 war Rumänien wirtschaftliches Schlusslicht in Europa. Doch seit 2000 hat ein kräftiger Aufschwung eingesetzt. Fast alle staatlichen Industrieungetüme wurden privatisiert, viele ausländische Investoren ließen sich nieder. Junge Leute streben v. a. in die Computerbranche. Rumänien gehört mittlerweile zu den sechs Ländern weltweit mit den meisten IT-Spezialisten pro Kopf. Doch bei weiten Teilen der Bevölkerung ist der Aufschwung noch nicht angekommen. Vor allem Alte leiden unter den hohen Strom- und Heizkosten, die im Winter ihre Rente oft übersteigen.

Die schicke Seite des Aufschwungs: der Yachtafen von Constanţa

Der EU-Beitritt hat den historischen Traum eines Volks erfüllt, das stets zwischen den Imperien und Machtblöcken in einer Grauzone lag und eine Ausnahmestellung hatte. Umgeben von slawischen Völkern ist Rumänien eine romanische Sprachinsel, entstanden durch die Verschmelzung des Urvolks der Daker mit den Römern, die dieses Land unter Kaiser Trajan 106 n. Chr. besetzten. Jahrhundertelang

Der EU-Beitritt erfüllte einen historischen Traum

waren die rumänischen Fürstentümer Spielball der wechselnden Kräfteverhältnisse zwischen Österreich-Ungarn, Russland und der Türkei. Unter Ceauşescu geriet Rumänien erneut in eine Sondersituation, weil der Diktator nach Unabhängigkeit von Moskau strebte und das Land in die außenpolitische Isolation trieb. Nach seinem Sturz im Zug des blutigen Volksaufstands im Dezember 1989 kamen nur mäßig gewendete Kommunisten unter Präsident Ion Iliescu an die Macht. Seither gab es schon drei demokratische Machtwechsel.

Es bleibt spannend, Rumänien als Reiseland ins Auge zu fassen, jenseits aller politischen Irrungen und Wirrungen. Da der Massentourismus hier noch keine Wellen schlägt, können Besucher das ganz normale Leben im Karpatenland in unverfälschter Form kennenlernen, etwa beim Schlendern durch die verträumten mittelalterlichen Städte oder bei Wanderungen durch die Hügellandschaft Siebenbürgens, die auch der britische Thronfolger Charles vor einigen Jahren für sich entdeckte und für deren Bewahrung er sich heute einsetzt. Auf Schritt und Tritt hält Rumänien große und kleine Überraschungen für Sie bereit. Lassen Sie sich darauf ein!

IM TREND

1 Kunst zum Anbeißen

Kulinarik Ausstellungen und Snacks, Elektromusik und Biergarten: die *UNAgaleria (General Budisteanu 10, Bukarest)* glaubt, dass Geist und Leib gleichermaßen genährt werden müssen. Das weiß man auch in Bukarests *Museum für zeitgenössische Kunst (Str. Izvor 2–4, Foto)*, dessen Café mit coolen Sitzwürfeln aufwartet. Livemusik und zeitgenössische Kunst gibt es im *Bistro de l'Arte (Piața Enescu 11bis, Brașov)*, im *Erasmus Büchercafé (Str. Mitropoliei 30, Hermannstadt)* lauscht man Konzerten.

Rumänien offroad

2

Biken Abseits ausgetretener Wege entdecken immer mehr Motorradfahrer die Region. *Responsible Travel (www.responsibletravel.com)* organisiert umweltschonende Touren durch Rumänien. Adrenalin pur gibt es bei den *Red Bull Romaniacs (www.redbull romaniacs.com)*, einem Wettstreit mitten in Transsilvanien. Teilnehmen können auch Amateure! Bei der Rallye *Enduromania (www.enduromania.ro, Foto)* stehen Fahrspaß und das Kennenlernen von Land und Leuten im Mittelpunkt. *KTM (www.ktmadventuretours.com)* organisiert ebenfalls geführte Bike-Reisen durch das Land.

3 Äußerst anziehend

Mode Was *Dada (Tache Ionescu 1, Bukarest)* macht, ist zum Verlieben. Coole Taschen, verrückte Kleidung und ein Restaurant mitten im Showroom. *Patzaikin (www.patzaikin.com)* setzt auf Nachhaltigkeit, ohne dabei beim Style Abstriche zu machen. Fließende Stoffe, knallige Farben – *Irina Schrotter (im Baneasa Einkaufszentrum, Piața Unirii, Bukarest)* kann es locker mit den Kollegen aus Paris aufnehmen. Das sinnliche Darunter gibt es bei *Sarrieri (www.sarrieri.com)*.

Im Strom

Kajak Statt gemütlich mit dem Kanu zum Vögelbeobachten zu schippern, geht es beim Kajaken sportlich zu. Angst davor nass zu werden, sollten Sie nicht haben. Könner gehen mit *Whitewater (Strada Uzinei 15, Târgu Mureş)* auf eine mehrtägige Tour oder belegen vorher einen Kurs bei den Wildwasserexperten. *Outdoor Experience (Strada Uzinei 14, Târgu Mureş, www.outdoorexperience.ro, Foto)* vermietet wildwassertaugliche Kajaks und bietet ebenfalls Paddeltouren an. Wer noch mehr Abenteuer sucht, der baut sein eigenes Floß und sticht damit zu einer mehrtägigen Fahrt in See (*www.karpaten-offroad.de*) oder aber er informiert sich beim Kajakverband *(www.kaiac.ro)* über Wettbewerbe im schnellen Wasser Rumäniens.

Lange Nächte

Partystadt Bukarest In der Hauptstadt ist rund um die Uhr etwas geboten. Der beste Club Bukarests heißt *Kristal (Regina Elisabeta Boulevard 34)* und kann sich ohne weiteres mit denen anderer Kapitalen messen. Der Name lässt es nicht vermuten, aber hinter dem *Studio Martin (Iancu de Hunedoara Boulevard 61)* steckt eine angesagte Location. In dem 2012 aufgehübschten Club stehen die großen DJ-Namen im Programm. Auch *The Mission Ro (www.facebook.com/themissionro)* fliegt regelmäßig DJs aus der ganzen Welt in Rumäniens Hauptstadt – aber auch an Sommer-Locations am Schwarzen Meer – ein. Ein Blick auf die Internetseite lohnt wegen der wechselnden Event-Adressen. Namen, bei denen Musikinteressierte aufmerken sollten, sind etwa *Suie Paprude (www.suiepaprude.ro)* oder *Parov Stelar (www.facebook.com/parovstelar)*.

STICHWORTE

BRÂNCUȘI, CONSTANTIN

Der Bildhauer (1876–1957) gilt als bedeutendster Künstler Rumäniens. Ab 1904 lebte Brâncuși in Paris und beeinflusste mit seinen abstrakten Arbeiten die moderne Bildhauerei. Viele seiner Objekte stehen in den Museen von Paris und New York. In seiner Heimat ist u. a. die „Unendliche Säule " im südrumänischen Târgu Jiu zu sehen.

CONDUCĂTOR

„Lenker" war nur einer der Titel, mit denen sich der Diktator Nicolae Ceaușescu (1918–1989) schmückte. Die Hofpoeten nannten ihn auch „Titan der Titanen" und „Genie der Karpaten". Das Kind armer Bauern wurde in der Vor-

kriegszeit während seiner Schusterlehre Kommunist. 1965 kam er nach dem Tod des stalinistischen Führers Gheorghe Gheorgiu-Dej an die Macht, gefördert von einer gemäßigten Fraktion der rumänischen Kommunisten, die glaubte, den hilflos wirkenden Bauernsohn leicht gängeln zu können. Sie täuschten sich gewaltig, denn Ceaușescu entwickelte sich zum brutalsten Diktator, den das Land je gekannt hat. Zunächst gewann er die Sympathie des Westens und des Volks, indem er einen Emanzipationskurs gegenüber Moskau einleitete. 1968 weigerte er sich, mit den Partnern des Warschauer Pakts in die Tschechoslowakei einzumarschieren. Und 1980 kritisierte er den Einmarsch der Sowjets in Afghanistan. Doch nach innen verstärkte er mit

Bild: dörfliche Landschaft in den Westkarpaten

Von Brâncuși bis Umweltschutz: Ob Politik, Kultur oder Gesellschaft – Wissenswertes über ein Land voller Gegensätze

Hilfe seiner gefürchteten Geheimpolizei *Securitate* schrittweise den Terror. Die Wirtschaft brach zusammen, das Volk darbte. 1980 begannen die schlimmsten Hungerjahre, als Ceaușescu sich in den Kopf setzte, alle Auslandsschulden zu bezahlen. 1989 wurde er hingerichtet.

DRACULA

Die Vampirfigur Dracula wurde 1922 in Westeuropa populär, als Fritz Murnau ihre Geschichte in dem Stummfilm „Nosferatu" auf die Leinwand

brachte. Vorlage war der Schauerroman „Dracula" des Briten Bram Stoker, der in Transsilvanien spielt. So kam die Vermutung auf, dass der rumänische Fürst Vlad Țepeș (1431–1476) Stokers Vorbild für den Vampir gewesen sei. Vlad Țepeș' Vater führte als Träger des mittelalterlichen Drachenordens den Beinamen „Dracul". Sohn Vlad hieß „der Pfähler" *(Țepeș)*, weil er Gefangene bei lebendigem Leib auf einen Pfahl spießen ließ. Auch wenn das Pfählen damals europaweit üblich war, sorgte Vlad Țepeș' Grausamkeit außerhalb des Lands für Aufsehen. Gen Westen reisende siebenbürgische Kaufleute verbreiteten Schauergeschichten über ihn, wobei sie vermutlich übertrieben. Vielen Rumänen hingegen gilt Țepeș eher als strenger, aber gerechter Herrscher, der ohne Gnade gegen Kriminelle vorging.

ERDBEBEN UND SCHLAMMVULKANE

Rumänien ist erdbebengefährdet, v. a. die südliche Region um Bukarest. Beim bisher verheerendsten Beben 1977 kamen über 1500 Menschen ums Leben. Das Epizentrum liegt meist im Karpatenknie. Die blubbernden Schlammvulkane, *Vulcanii Noroioși*, in Berca am Fuß der Südkarpaten haben mit Vulkanismus eigentlich nichts zu tun, sondern sind ein Resultat des Gasgehalts im Erdinneren. Bei dem eigenartigen Spektakel ist Vorsicht geboten: Man kann im Schlamm versinken.

FAUNA UND FLORA

Rumäniens Naturparadiese in den Bergen und im Donaudelta sind durch Umweltverschmutzung bedroht, bieten aber immer noch einzigartige Erlebnisse. In den Karpaten leben Wölfe, Luchse, Wildkatzen, Gämsen, Edelmarder, Wildschweine, Hirsche, Rehe und Mufflons. Mit rund 5000 Exemplaren ist die Bärenpopulation europaweit die größte. Diese Tatsache lockt zunehmend Jäger aus dem Ausland an. Das Donaudelta steht als Fisch- und Vogelparadies unter Naturschutz. Hier leben die einzigen Pelikane Europas. Das Schwarze Meer bevölkern kleine Delphine.

Reich ist Rumäniens Bergwelt vor allem an Laub- und Nadelwäldern, darunter auch große Urwälder. An vielen Stellen sind sie aber durch unkontrolliertes Abholzen bedroht. Das hat mancherorts schon zu Bodenerosion und Erdrutschen geführt. An den Hängen der Karpaten und im kargen Dobrudscha-Hochland

Speien keine Lava, sondern nur Schlamm: Rumäniens „Vulkane" bei Buzău

im Osten wird traditionell Wein angebaut. Der heiße Süden des Landes wird weitgehend für Getreideanbau genutzt. Hier gedeihen auch Feigen und Oliven.

IONESCO, EUGÈNE

Rumäniens bekanntester Bühnenautor (1909–1994) gilt als einer der Hauptvertreter des absurden Theaters. Er lebte ab 1938 in Paris. Ionescos Stücke sind Persiflagen der kleinbürgerlichen Welt, wobei er die Banalität bis zum Äußersten ins Surreale und Groteske steigerte.

MINDERHEITEN

Die größten Minderheiten in Rumänien sind die Roma und die Ungarn. Zuverlässige Angaben über die Stärke der Gruppen gibt es nicht, denn die Statistiken sind politisch beeinflusst. Sie dürfte zwischen 1,5 und 2 Mio. Menschen liegen. Seit 15 Jahren verlassen v. a. die Ungarn massiv das Land.

Noch vor der Wende war die einst starke deutsche Minderheit ausgewandert. 1930 gab es rd. 800 000 Siebenbürger Sachsen und Banater Schwaben in Rumänien, heute sind es unter 50 000. Von der jüdischen Bevölkerung, die vor dem Krieg auch rund 800 000 Menschen zählte, fiel etwa die Hälfte dem Holocaust zum Opfer. Die Überlebenden wanderten nahezu alle nach Israel aus, sodass nun weniger als 6000 Juden in Rumänien leben. Als winzige Minderheiten sind noch Serben, Kroaten, Tataren, Türken, Russen, Bulgaren, Griechen und Armenier vertreten.

REVOLUTION

Ob es tatsächlich eine Revolution war, die im Dezember 1989 zum Sturz des Diktators Ceaușescu führte, ist umstritten. Zwar gab es einen blutigen Volksaufstand mit Schießereien und Straßenkämpfen, die mehr als 1000 Menschen das Leben kosteten. Doch deutet vieles auf eine Palastrevolte der so genannten Wendekommunisten hin, die von Ceaușescu genug hatten. Die Gruppe um den ersten Nachwendepräsidenten Ion Iliescu übernahm damals sofort die Macht und ließ die Opponenten aus der Ceaușescu-Zeit gar nicht erst zum Zuge kommen. Dem Iliescu-Zirkel wird vorgeworfen, unnötige Schießereien provoziert zu haben, um sich selbst als Garant für Ruhe und Ordnung zu präsentieren und damit die Macht zu festigen. Doch ohne Zweifel gärte die Stimmung im Volk schon Monate vor Ceaușescus Sturz. Im übrigen Ostblock begannen Mauern und Stacheldrähte zu fallen. Startsignal für die Wende war am 17. Dezember 1989 eine Dauerprotestdemonstration im westrumänischen Timișoara (Temeswar). Dabei ging es zunächst nur um Solidarität mit dem dortigen ungarisch-protestantischen Pastor Laszló Tökes, der als Regimegegner verfolgt wurde. Doch bald riefen die Demonstranten „Nieder mit Ceaușescu", und erste Schüsse fielen. Die revolutionäre Stimmung erfasste das ganze Land, v. a. die Hauptstadt Bukarest. Dort hielt der sichtlich verzweifelte Ceaușescu am 22. Dezember noch eine Rede an das Volk, in der er Lohnerhöhungen versprach. Doch er wurde ausgebuht und floh mit seiner Frau Elena in einem Hubschrauber. Der Pilot war schon mit den Revolutionären im Bunde. Das Ehepaar Ceaușescu wurde verhaftet und am 25. Dezember 1989 auf Geheiß der Iliescu-Gruppe nach einem geheimen, international kritisierten Schnellverfahren hingerichtet.

ROMA

Man sieht sie oft am Straßenrand, auf Pferdewagen. Auffällig sind bei den traditionell lebenden Roma die Frauen mit ihren leuchtend bunten, krausen

Röcken und den langen geflochtenen Zöpfen. Der Begriff „Zigeuner", den die westeuropäischen Sinti als diskriminierend empfinden, gilt auch in seiner rumänischen Form „țigani" als abwertend. Doch bezeichnen sich viele Roma selbst als „țigani", und das in zwiespältiger Weise: manche mit Stolz, andere mit Melancholie. Einst ein unterdrücktes Volk werden sie auch heute noch ausgegrenzt. Ihre lang trainierte Überlebensstrategie außerhalb von Konventionen macht sie immer noch zu Außenseitern. Und für viele Rumänen zu Sündenböcken für die eigene Frustration. Manche Roma leben traditionell und rückständig, andere versuchen die Integration. Einige haben es zu Wohlstand gebracht, der an ihren kuriosen Palästen an den Stadträndern sichtbar wird: pagodenartige Häuser aus Marmor mit Säulen, Türmchen und aufwärts geschwungenen Dächern.

Vom 15. Jh. an wanderten die Roma aus Indien in die rumänischen Fürstentümer ein und lebten dort als Leibeigene von Adligen und Klöstern. 1859 wurden sie offiziell aus der Sklaverei befreit. Traditionell waren sie Kesselflicker, Bärenführer und Musikanten bei Hochzeiten, Taufen und Beerdigungen. Auch heute werden zu Festen oft Romamusiker engagiert. Zu den besten gehört eine Band aus dem bitterarmen südrumänischen Dorf Clejani, die als INSIDER TIPP ▶ „Taraf des Haidouks" immer wieder in Westeuropa gastiert und CDs vertreibt.

UMWELTSCHUTZ UND ÖKOTOURISMUS

Rumänien mit seinen vielen landschaftlichen Paradiesen ist wie geschaffen für den ökologisch bewussten Reisenden, für den Naturfreund schlechthin. Allerdings stecken der organisierte Ökotourismus wie auch der Umweltschutz grundsätzlich noch in den Kinderschuhen. Zwar verfügt das Land u. a. über 13 wunderschöne Nationalparks, über unzählige weitere unter Naturschutz stehende Landschaften, 250 000 ha Urwald sowie das Biosphärenreservat Donaudelta. Dem steht aber das mangelnde Umweltbewusstsein der Bevölkerung gegenüber, das sich an den vielen wilde Müllkippen ablesen lässt, am Abfall, der in Flüsse und Bäche gekippt wird, an Plastikfla-

RUMÄNISCHE RENAISSANCE

Der vom kunstsinnigen Walachenfürsten Constantin Brâncoveanu geförderte Stil ist eine Synthese aus venezianischen und orientalischen Einflüssen, die Kirchen, Wohnhäuser und Paläste an der Wende zum 18. Jh. prägte und „rumänische Renaissance" genannt wurde. Brâncoveanu unterhielt Geschäftsbeziehungen nach Venedig und Konstantinopel und brachte Baumeister aus beiden Städten mit. Von den Italienern lernten die Rumänen, größere, offenere Räume zu bauen und den Stein bildhauerisch zu bearbeiten. Charakteristisch sind die reichen feingliedrigen abstrakten oder floralen Ornamente an Fenster- und Türrahmen, die zwar von der Form her orientalisch sind, aber in westlicher Technik als Reliefs in Stein gehauen und nicht aufgemalt wurden. Markenzeichen ist der „Bogen mit Akkolade" an den Säulenarkaden, der aus einem Spiel mit der gotischen Spitzbogenform entstanden ist.

Die Idylle täuscht: Roma werden in Rumänien nach wie vor ausgegrenzt

schen, die auf Seen schwimmen und die Landstraßen säumen. Besonders an wunderschönen Plätzen in den Bergen, wo wild gegrillt wird, bleibt der Abfall zurück. Andernorts waschen Rumänen ihre Autos einfach in den Bächen. Auf dem Land gibt es vielfach weder eine Trinkwasserversorgung noch eine Abwasserentsorgung. Mülltrennung ist oft noch ein Fremdwort; immerhin sind inzwischen in vielen Dörfern Großbehälter aus Holz oder Maschendraht für die Plastikflaschen aufgestellt.

Auch Touristen gehen nicht immer mit gutem Beispiel voran: Im Donaudelta lassen sie sich schon mal mit dem Schnellboot durch die Nebenkanäle fahren, wobei die Wellen dann die Nester der dort brütenden Vögel überschwemmen. Oder sie nehmen das Angebot an Off-Road-Motorradfahrten an und verschrecken Tiere und Menschen in abgelegenen Dörfern. Die heimischen Umweltschutzvereine werden kaum gehört und ohne Hilfe anerkannter Organisationen im Ausland wie WWF oder Greenpeace sind sie machtlos. Aber es mehren sich Anzeichen, die hoffen lassen. Noch ist die Zahl der Anbieter im Ökobereich überschaubar *(www.eco-romania.ro),* tendenziell aber geht es mit dem sanften Tourismus aufwärts. Inzwischen gibt es durchaus Angebote etwa im Bereich Wanderungen, Floßfahrten, Tourenski, die sich als naturnahe Alternativen zu den Quads verstehen, die derzeit für Bergwanderer eine regelrechte Plage sind. Ganz allmählich finden sich auch im Alltag Tendenzen, die für ein Umdenken sprechen. Allerorten etwa entstehen inzwischen Bioläden und -märkte. Allerdings sollten Sie Ökoangebote immer kritisch prüfen: Nicht alles, was als bio oder öko angepriesen wird, ist es auch wirklich.

ESSEN & TRINKEN

Er glänzt goldgelb, Fett trieft. Juliana Patca, Wirtin in einer Pension in den Apuseni, serviert die Spezialität des Hauses: den balmoş (sprich: ballmosch). Es ist ein Maisbrei, wie die Bauern in Siebenbürgen ihn zubereiten: Ein Kilo Maismehl wird mit zwei Litern saurer Sahne unter stundenlangem Rühren gekocht.

Maisbrei ist das rumänische Nationalgericht, bekannt unter dem Sammelnamen *mămăligă* (mömöligö). Meist bekommt man die banale Variante als Sättigungsbeilage vorgesetzt, bei der das Maismehl nur mit Wasser und Salz gekocht wird. Tatsächlich aber gibt es ein Dutzend Rezepte, je nachdem, ob mit süßer oder saurer Milch, mit Sahne oder Butter zubereitet wird. Krönung ist die Hirtenspeise *bulz*: Ein Stück herbwür-

ziger *burduf*-Käse wird in eine Kugel aus Maisbrei gesteckt und im Ofen gebacken. Juliana, die im Dorf Gheţar nahe der Eishöhle Scărişoara kocht, tischt herzhafte rumänische Bauernküche auf. Speck, Eier und scharfe Würste gibt es schon zum Frühstück, dazu sauer eingelegte Gurken und Paprika. Zu Mittag folgen deftige Fleischsuppen – mit Rind, Fleischklößen oder Kutteln. In Süd- und Nordostrumänien werden diese Suppen meist mit *borş* (borsch), gegorenem Weizenkleiesaft, gesäuert. Enthält eine Suppe *borş*, wird sie *ciorbă* (tschorbö) genannt, sonst heißt sie *supă* (supö).

Die rumänische Küche schmeckt nach den Mächten, die das Land dominierten: Byzanz, Österreich und Russland. Während des Kommunismus war die Gastro-

---

Bild: Weißkohlrouladen, gegrilltes Hackfleisch und mittendrin die goldgelbe Nationalspeise mämäligă

Schlemmen nach guter bäuerlicher Art: Essen ist in Rumänien eine herzhafte und kalorienreiche Angelegenheit

nomie zu einem Minimalprogramm verkommen. Jetzt gibt es wieder Wirte, die sich auf die Küche ihrer Großmütter besonnen und dabei die Kräuter wieder entdeckt haben: Liebstöckel, Bohnenkraut, Kümmel, Lorbeer und Basilikum. Beim Hauptgang dominieren die Braten. Ein Festmahl ohne Schwein ist kaum vorstellbar. „Er ist so traurig, als sei sein Schwein gestorben", sagt man in Rumänien. Auf dem Land hält sich fast jeder zumindest ein Schwein, auch wenn er längst kein Bauer mehr ist. Zwar steht in

Rumänien auch Geflügel auf dem Speiseplan, doch nach Diät darf Federvieh keinesfalls schmecken. So gibt es etwa das *pui cu smântâna* (puj ku smüntüna) – das Sahnehuhn. Dessen Bauch wird mit einem halben Pfund Butter und Kräutern gefüllt, während des Backens kommt immer wieder Sahne darüber. Die Ente auf Kraut wiederum, *rață pe varză* (ratzö pe varsö), wird mit einem Pfund Gänsefett begossen. Zu fast allen Fleischgerichten passt die traditionelle Knoblauchsauce *mujdei de usturoi* (muschdej de ußturoj).

SPEZIALITÄTEN

▶ **Ardei copți** – gebackene Paprikaschoten in Vinaigrette, Vorspeise

▶ **Cașcaval pané** – panierter Käse, in der Pfanne gebraten, Standardangebot in rumänischen Restaurants

▶ **Ciorbă de burtă** – säuerliche Kuttelsuppe, auch klassisches Katerfrühstück (Foto li.)

▶ **Clătite** – Palatschinken nach österreichischer Art, mit Marmelade oder Schokoladensauce gefüllt (Foto re.)

▶ **Cozonac** – leicht gesüßter weicher Hefekuchen mit Rosinen

▶ **Drob de miel** – Pastete aus Lamminnereien, wird nur zu Ostern zubereitet

▶ **Fasole bătută** – pikante Paste aus weißen Bohnen, Vorspeise

▶ **Ghiveci** – Gemüseeintopf auf der Basis von Auberginen

▶ **Icre** – Karpfenkaviar, mit Öl und klein gehackten Zwiebeln angerührt

▶ **Mititei oder Mici** – scharfe Hackfleischröllchen mit Knoblauch, gegrillt

▶ **Musaca** – überbackener Auberginen- oder Kartoffelauflauf mit Hackfleisch

▶ **Papanași** – warme Quark-Mehl-Krapfen, die mit Sahne übergossen und anschließend mit Beerenmarmelade gekrönt werden

▶ **Pastramă** – luftgetrockneter Schaf- und Rinderschinken

▶ **Salată de vinete** – würziger Brei aus im Ofen gebackenen Auberginen, Vorspeise

▶ **Sarailie und Baclava** – Blätterteigkuchen mit Nussfüllung, durchtränkt mit Honigsirup

▶ **Sarmale** – Krautwickel mit Reis-Hackfleisch-Füllung in Sauce, mit saurer Sahne übergossen

▶ **Tochitură moldovenească** – gebratene Schweinefleischstücke in scharfer Pfeffersauce, dazu *mămăligă*

▶ **Țuica** – scharfer Obstschnaps, der als Aperitif vor dem Essen getrunken wird; am besten ist der aus der Maramureș

An der Küste des Schwarzen Meers und im Donaudelta gibt es natürlich Fisch, z. B. als leckere säuerliche Suppe *borș pescăresc*. Spezialitäten sind auch scharfe Frikadellen aus Hecht und Karpfen mit gemahlenen Peperoni und Paprika oder aber das Fischgulasch *storceag* (stortschag) mit Karfoffelstücken, Sahne und viel Dill. Bei dem im Ofen gebackenen Karpfen kommen eine ganze Knolle Knoblauch sowie Tomaten, Paprika und Weißwein dazu.

Wer Galle und Leber schonen will, hat es schwer in Rumänien. Vegetarisches gibt es selten, schon weil sich kein Rumäne vorstellen kann, ohne Fleisch satt zu werden. Fleischlos isst man nur während der kirchlichen Fastenzeiten. Immerhin gibt es leckere Gemüsegerichte, so die pikanten Auberginencreme *zacuscă* (sakusskö) als Vorspeise oder den Gemüseeintopf *ghiveci* (djiwetsch).

Bei den Desserts dominieren türkischer und österreich-ungarischer Einfluss: *baclava* und *sarailie* sind Blätterteignusskuchen, aus denen Zuckersirup tropft. Auf siebenbürgischen Speisekarten taucht die k.u.k.-Süßigkeit **INSIDER TIPP ▶** Vogelmilch *(lapte de pasăre)* auf: In einer Vanillesauce mit Nüssen schwimmen Eiweißbällchen. Wer in Siebenbürgen unterwegs ist, sollte die typisch siebenbürgisch-sächsischen Süßspeisen probieren wie Zwetschgenknödel, die aus Kartoffelteig zubereitet, dann gekocht und kurz in Semmelbröselpanade geschwenkt werden. Als Festtagsspeise der Siebenbürger Sachsen in Sibiu und Michelsberg gilt die mal mehr, mal weniger süße **INSIDER TIPP ▶** *Hanklich*, die im Dialekt verschiedene Schreibweisen aufweist und von Witzbolden gerne „siebenbürgische Pizza" genannt wird, weil sie flach und aus Brotteig ist, über den eine Mischung aus Eiern, Zucker, Butter und Milch sowie Rahm gestrichen wird. Manche legen auch Rosinen oder geriebene Nüsse darauf. Sie bekommen sie in Michelsberg im Anschluss an die Sommerkonzerte *(S. 58)* und in Sibiu auf dem Biobauernmarkt *(S. 56)*.

Bei den Weinen ist Rumäniens Qualitätspotenzial noch nicht ausgeschöpft. In den Hügeln Siebenbürgens, der Moldau und der südlichen Vorkarpaten werden Cabernet Sauvignon, Merlot und Riesling angebaut. Bekannteste Anbaugebiete sind *Cotnari* (Moldau), wo die

Ob Fleisch, ob Fisch, mămăligă passt immer – selbst zur Forelle

süße *Feteasca* (Mädchentraube) wächst, außerdem *Târnave* und *Jidvei* in Siebenbürgen. Typischer sind aber die doppelt bis dreifach gebrannten Schnäpse aus Pflaumen, Äpfeln oder Aprikosen, *țuica* (Tzuika) genannt. Bier wird inzwischen fast nur noch von ausländischen Multis produziert und verkauft. Die bekannteste einheimische Marke ist *Ursus*.

Der gute alte schaumige türkische Kaffee *cafea turcească* (kaffja turtschaskö) ist fast überall westlichem Espresso, Cappuccino, Filter- und Instantkaffee gewichen.

EINKAUFEN

In den großen Städten Rumäniens bekommen Sie inzwischen etliche der Produkte, die auch zu Hause die Kaufhausregale füllen. Sind Sie jedoch an landestypischen Souvenirs interessiert, dann lohnt sich bisweilen die Fahrt aufs Land, gewissermaßen nach dem Motto: Schon der Weg kann das Ziel sein.

ANTIQUITÄTEN

INSIDER TIPP In den rumänischen Antiquitätenläden sollten nur wirkliche Kenner kaufen, denn die meisten Objekte sind überteuert und überdies häufig gefälscht. Wer dennoch etwa eine alte Ikone ersteht, braucht eine Ausfuhrgenehmigung vom Denkmalschutzamt (Oficiul de Patrimoniu).

BAUERNMÄRKTE

Das Reizvolle am Einkaufen in Rumänien ist weniger das tatsächliche Erstehen einer Ware, sondern vielmehr der Bummel über die ● Bauernmärkte, auf denen nicht nur Obst und Gemüse, sondern ein bisschen von allem angeboten wird: von T-Shirts und Unterwäsche bis hin zu Putzmitteln und Geschirr. Autoreisenden werden überall am Straßenrand Händler auffallen, die je nach Saison anbieten, was der Garten hergibt. Im Spätsommer türmen sich Berge süßer Wassermelonen und Tomaten am Fahrbahnrand, im Herbst bieten die Bauern Trauben und Äpfel an. Und man wird feststellen: Das Obst und Gemüse schmeckt intensiver als in Westeuropa, weil es noch mit natürlichen Methoden gezogen wird.

BÜCHER

Wer sich intensiver mit Rumänien beschäftigen möchte, findet eine reiche Auswahl deutschsprachiger Bücher in der Schiller-Buchhandlung in Sibiu (Piaţa Mare gegenüber dem Rathaus). Dieses Geschäft führt nahezu ausschließlich Werke rund um Rumänien, ausführliche Reiseführer zu einzelnen Regionen, Historisches und Literatur. In Sibiu gibt es derzeit drei Verlage – hora, Honterus, Schiller –, die deutschsprachige Bücher herausgeben.

KÄSE

Zum Verschenken oder zum Selberessen daheim bietet sich der köstliche ● INSIDER TIPP burduf-Käse an, ein original rumänisches Produkt aus Schafs-

milch. Er wird in Darmhäuten angeboten oder in Rollen aus Tannenrinde und bleibt, außer bei hochsommerlichen Temperaturen, zwei Tage ohne Kühlung frisch.

Direkt vom Hersteller kaufen Sie den *burduf* am einfachsten auf der Landstraße zwischen *Brașov* und *Sibiu*. Auf dem letzten Serpentinenabschnitt kurz vor Sibiu stehen Bauern am Straßenrand und bieten ihren Käse an.

KUNSTHANDWERK

Mitten in der Landschaft wachsen Verkaufsbuden mit Holzschnitzereien und Decken aus Schafwolle aus dem Boden. Von all den bäuerlichen Handarbeiten erfreuen sich schon seit langem die reich bestickten Trachtenblusen und -hemden großer Beliebtheit bei den ausländischen Gästen. Typisch rumänisch ist die *ie* (sprich: ije), ein Hemd aus hauchdünnem, durchsichtigem Leinen mit bauschigen Ärmeln, das in verschiedenen Farbkombinationen bestickt ist. Solche Blusen, die sich bei großer Hitze sehr angenehm tragen, bekommt man unter anderem auch in den *Artizanat*-Läden.

Wunderschöne weiße Leinentischdecken besticken vor allem die Nonnen in den Klöstern der Moldau. Berühmt ist auch die Keramik aus dem südrumänischen *Horezu* und aus dem siebenbürgischen Dorf *Corund*. Der Töpfermarkt in *Hermannstadt* an jedem ersten Wochenende im September ist ein Treffpunkt der Hersteller aus dem ganzen Land.

MODE MADE IN RUMÄNIEN

Auch wenn sie auf den ersten Blick vielleicht nicht so aussehen: Rumäniens Konfektionsläden und Schuhgeschäfte lohnen einen Blick, Sie finden dort bisweilen schöne Sachen aus rumänischer Produktion, die vom einheitlichen Massendesign westlicher Kaufhausware abweichen und deutlich billiger sind als vergleichbare Produkte zu Hause.

DIE PERFEKTE ROUTE

QUER DURCH DIE WALACHEI

Starten Sie in ❶ *Bukarest* → S. 61. Sehen Sie sich im *Lipscani-Viertel*, der Altstadt, um und besuchen Sie in der Umgebung den *Mogoșoaia-Palast,* bevor Sie die Rumänische Tiefebene Richtung Nordwesten durchqueren. Planen Sie einen Stopp in der ehemaligen Fürstenresidenz in ❷ *Curtea de Argeș* → S. 72 ein, wo fast alle rumänischen Könige begraben sind.

KERAMIK UND BRÂNCUȘIS SKULPTUREN

Auf dem Weg in Richtung Siebenbürgen lässt sich bei einem Abstecher ins ❸ *Kloster Horezu* → S. 73 dessen schönste Brâncoveanu-Baukunst bewundern. Im gleichnamigen Ort können Sie die typische Keramik kaufen. Fahren Sie noch weiter bis Târgu Jiu und schauen Sie sich im ❹ *Brâncuși-Skulpturenpark* → S. 72 die monumentalen Meisterwerke an. Zurück geht es auf die Hauptstrecke, von dort nördlich durch das malerische *Alttal,* wo sich die *Klöster Cozia* und *Turnu* für eine Pause anbieten.

IN DER KULTURHAUPTSTADT

In Europas einstige Kulturhauptstadt ❺ *Sibiu* → S. 54 locken das *Freilichtmuseum* und das Restaurant *Sibiul Vechi* mit siebenbürgischen Gerichten. Auf dem Weg durchs *Harbachtal* warten lauter Kirchenburgen: in *Holzmengen, Alzen, Nocrich, Netuș, Movile* und *Apold.* Lassen Sie noch Luft für ❻ *Sighișoara* → S. 58 (Foto o.) mit der Schäßburg, wo man sich zum Dracula-Mythos bekennt.

SZEKLERLAND UND BICAZ-KLAMM

Richtung Nordosten geht's durch das urige ❼ *Szeklerland* → S. 59, wo an den Straßen geflochtene Körbe angeboten werden und malerische Pensionen zum Bleiben einladen. Über die Ostkarpaten kommen Sie vorbei am spektakulären ❽ *Lacul Roșu* → S. 79 und durch die atemberaubende ❾ *Bicaz-Klamm* → S. 79 bis nach ❿ *Piatra Neamț* → S. 80; das *Kloster Neamț* mit seinen herrlichen Keramikfassaden ist die älteste und größte Anlage der Gegend.

KLÖSTER UND EIN LUSTIGER FRIEDHOF

⓫ *Suceava* → S. 80 ist der beste Ausgangspunkt, um die einzigartigen Klöster der Südbukowina zu erleben – *Voroneț, Arbore, Sucevița, Moldovița, Putna.* Über *Vișeu de Sus,* wo die *Wassertalbahn* lockt, fahren Sie

in die hübsche Kleinstadt **12** *Sighetu Marmației* → S. 35 mit ihrem schweren Erbe und zum *Lustigen Friedhof* in **13** *Săpânța* → S. 34. Von *Baia Mare* aus geht's durch die *Maramureș* mit ihren beeindruckenden Holzkirchen und herrlich geschnitzten Toren bis in die Universitätsstadt **14** *Cluj-Napoca* → S. 50. Auf dem zentralen Platz, der *Piața Unirii*, gibt es viele Kneipen und Cafés. Wer großen Hunger hat, lässt es sich im nahen Dorf **15** *Săvădisla* → S. 53 in *Tamás' Bistro* deftig ungarisch schmecken, bevor er in die unterirdische Welt des *Salzbergwerks* in **16** *Turda* → S. 53 eintaucht.

IN DER EISHÖHLE

Einen Abstecher wert ist *Gârda de Sus,* wo Sie in der *Pension Scărișoara* auf 1000 m Höhe entspannen. Wanderer nehmen sich die spektakuläre gleichnamige **17** *Eishöhle* → S. 38 (Foto l.) als Ziel vor. An saftigen Wiesen vorbei geht es bis nach **18** *Hunedoara* → S. 53 und zum *Schloss Hunyadi.* In der Großstadt **19** *Brașov* → S. 45 beeindruckt besonders die *Schwarze Kirche,* die größte gotische Kathedrale Südosteuropas.

DIE WELT DER PELIKANE

Durch das *Prahova-Tal* geht es über Bukarest in einem Rutsch bis **20** *Constanța* → S. 86, in dessen Umgebung Sie außer schönen Strandbädern lauter römische Hinterlassenschaften finden. Krönender Abschluss der Tour ist **21** *Tulcea* → S. 92, Tor zum Naturparadies Donaudelta. Steigen Sie hier um auf ein Kanu und erkunden Sie die verwunschenen dschungelartigen Wasserläufe.

2500 km. Reine Fahrzeit: 36 Stunden. Empfohlene Reisedauer: 10–14 Tage Detaillierter Routenverlauf auf dem hinteren Umschlag, im Reiseatlas sowie in der Faltkarte

BANAT, APUSENI & MARAMUREȘ

Hier sagen sich Fuchs und Hase gute Nacht, Freiheit und Abenteuer locken auf nahezu unberührten Pfaden, in wilden Bergen, sanften grünen Hügeln und inmitten einer unverfälschten Bauernkultur. Nur wenige Städte stören dieses Idyll, touristische Infrastruktur ist kaum vorhanden. Zu den schönsten Ecken führen keine gepflasterten Wege. Am besten bewegt man sich zu Fuß, per Mountainbike oder zu Pferd fort. Wer es mit dem Auto wagen will, braucht Allradantrieb.

Das *Banat* beginnt gleich an der ungarischen Grenze bei Temeswar (Timișoara). Rings herum ducken sich verstaubte Heidedörfer in die flache Landschaft mit Mais- und Weizenfeldern. Es ist die Verlängerung der ungarischen Puszta, an die sich im Süden das sanfte Banater Bergland bis hinunter zur Donau schmiegt. An der Ostgrenze des Banats zur Walachei liegt das *Retezat-Gebirge* mit Urwäldern und Gletscherseen – eins der einsamsten und grandiosesten Wanderparadiese in Europa. Das liebliche *Apuseni-Gebirge* beginnt etwa 150 km nordöstlich von Temeswar, im Nordosten begrenzt vom siebenbürgischen Cluj, im Süden von der Stadt Deva und im Nordwesten von Oradea, Rumäniens schönster Jugendstilstadt. Nördlich der Apuseni, um Baia Mare herum, erstreckt sich die *Maramureș* mit alten Holzkirchen und prächtig geschnitzten Toren an den Bauernhöfen. Dort tragen Bauern die Trachten noch zum eigenen Vergnügen, nicht als Touristenattraktion. Die Maramureș

**Der Duft von Freiheit und Abenteuer:
Der wilde Westen lockt mit urwüchsigen
Landschaften und authentischer Bauernkultur**

bietet Reisenden viele Möglichkeiten. Sie finden in der Umgebung allein 30 unter Naturschutz stehende Gebiete, können in den Bergen wandern oder Extremsportarten betreiben.

Wie Siebenbürgen gehörten Banat, Maramureş und Apuseni bis zum Ende des Ersten Weltkriegs zu Österreich-Ungarn. Die Österreicher hatten 1716 die Türken aus der Gegend vertrieben. Sie siedelten dort Bauern aus Schwaben, dem Elsass und Lothringen an. Deren Nachkommen, die sich Banater Schwa-

ben nannten, sind inzwischen nahezu komplett nach Deutschland ausgewandert. An Apuseni und Maramureş interessierten die Österreicher v. a. die reichen Bodenschätze, die heute noch gefördert werden.

BAIA MARE

(129 E2) *(Ø F2)* **Das Tor zu den idyllischen Dörfern der Maramureş ist die abschreckende Industriestadt Baia Mare**

(149 000 Ew.) im Talkessel am Fuß des Bergmassivs Gutâi.

Seit dem 14. Jh. werden hier Bunt- und Edelmetalle abgebaut. Riesige trüb gelbe Geröllhügel, Reste der Erzgewinnung, umgeben den Ort. Die winzige Altstadt

300 Jahre Knast, nun Gedenkstätte: das Gefängnis von Sighetu Marmației

wird von schäbigen Plattenbauten bedrängt. Immerhin bietet Baia Mare mit seinem Flughafen gute Anreisemöglichkeiten. Unter *www.baiamareairport.ro* finden Sie Flüge von Baia Mare nach Bukarest. Sie können aber auch mit dem Zug aus Cluj-Napoca anreisen oder mit einem der Überlandbusse z. B. von Sighetu Marmației aus.

ÜBERNACHTEN

EUROHOTEL
In diesem Haus mit etwas zu viel glänzendem Marmor ist man gut aufgehoben. *64 Zi. | Bd. Bucureşti 23 | Tel. 0262 22 24 05 | www.eurohotel-bm.ro | €€*

HOTEL MARA
Das Hotel aus den 1970er-Jahren bietet mittleren Komfort und vermietet Autos samt Fahrer. *124 Zi. | Bd. Unirii 11 | Tel. 0262 22 66 60 | www.hotelmara.ro | €€*

AUSKUNFT

TOURISMUSAGENTUR
– *im Hotel Mara | Tel. 0262 22 66 56 | www.maramures.de*
– *unter Tel. 0262 20 61 13 | www.visitma ramures.ro*

ZIELE IN DER UMGEBUNG

OCNA ŞUGATAG (129 E2) (*M G2*)
Kleiner Kurort auf einem Hügel an einem früheren Salzbergwerk. In der Umgebung liegen die Dörfer *Hărniceşti, Deseşti, Sat Şugatag* mit kunstvoll im Inneren bemalten Holzkirchen aus dem 17. und 18. Jh. sowie das Dorf *Hoteni,* in dem jährlich Anfang Mai das Pflügen mit Volksmusik *(Festival Tânjaua de pe Mara)* gefeiert wird. *40 km nordöstl.*

INSIDER TIPP ▶ POIENILE IZEI
(129 E2) (*M G2*)
Interessant in diesem Dorf sind die schaurigen Motive der Wandmalereien in der Holzkirche der Heiligen Paraschiva aus dem 17. Jh. Sie zeigen Folterszenen aus der Hölle, nicht unbedingt etwas für sensible Seelen oder Kinder. Die Kirche gehört zum Weltkulturerbe der Unesco. Das Dorf liegt auf der Strecke zwischen Sighetu Marmației und Borşa, die über das Dorf Bârsana führt. *100 km westl.*

SĂPÂNȚA (129 E2) (*M G1*)
Das witzigste Baudenkmal der Maramureş ist ausgerechnet ein Friedhof. ★ *Lustiger Friedhof (Cimitirul Vesel)* wird er genannt. Die Grabmäler in dem Dorf an der Grenze zur Ukraine sind aus leuchtend blau

gestrichenem Holz gearbeitet. Die Texte darauf erzählen in heiteren Versen das Leben und die Todesumstände der Verstorbenen. All dies schuf Schreinermeister Ioan Stan Pătraş 1935. *81 km nördl.*

SIGHETU MARMAŢIEI (129 E2) (*ⁿ G1*)

Die liebliche Kleinstadt (41 000 Ew.) im hohen Norden an der Grenze zur Ukraine gilt als Sinnbild des Schreckens. Nicht nur die Barock- und Gründerzeitarchitektur der Altstadt zeugt von der k.u.k.-Vergangenheit, sondern vor allem das wuchtige *Gefängnis (Mitte April–Mitte Okt. tgl. 9.30–18.30, Mitte Okt.–Mitte April Di–So 10–16 Uhr | Str. Corneliu Coposu 4)*. Hier brachten erst die Österreicher angebliche Gesetzesbrecher hinter Schloss und Riegel, später die Kommunisten ihre politischen Häftlinge. Heute ist das düstere Bauwerk Gedenkstätte. Die Gefängniszellen hinter den dicken Mauern sind zu besichtigen. Berühmtester Sohn des Orts ist der Friedensnobelpreisträger Elie Wiesel. Von hier deportierten ihn die Nazis nach Auschwitz. Seit 2002 ist Wiesels *Geburtshaus (Ecke Str. Dragoş Vodă/ Str. Tudor Vladimirescu)* eine Gedenkstätte. Von der reichen, mit dem Holocaust untergegangenen jüdischen Kultur zeugt auch der jüdische Friedhof gleich neben der einzigen noch verbliebenen Synagoge *(Str. Bessarabia 10)*. *66 km nordöstl.*

SURDEŞTI (129 E2) (*ⁿ G2*)

Hier steht das berühmteste Werk der Maramureş-Baukunst: eine prächtige ★ ● *Kirche* aus Eichenholz, 1724 erbaut. Ihr 54 m hoher Glockenturm ist die höchste Holzkonstruktion Europas. Innen sind die Wände mit dichtem Stoff verkleidet, der mit Tempera bemalt wurde. *17 km südöstl.*

VIŞEU DE SUS (129 F2) (*ⁿ G2*)

Von Baia Mare aus bietet sich ein Ausflug ins rund 120 km östlich gelegene Vişeu de Sus an, das die dort vor 250 Jahren angesiedelten deutschsprachigen Zipser Oberwischau nennen. Von hier aus können Sie eine abenteuerliche 46 km lange Reise mit der schmalspurigen *Wassertal-*

★ **Lustiger Friedhof**
In Săpânţa in der Maramureş ist ausgerechnet der Tod Anlass für Humor und kunterbunte Leichtigkeit → S. 34

★ **Kirche aus Eiche**
Bei den Meisterschreinern in der Maramureş: Europas höchstes Bauwerk aus Holz steht in Surdeşti → S. 35

★ **Kirche mit Mond**
Wer wissen will, ob der Mond am Abend halb oder voll am Himmel steht, schaut in Oradea auf die Turmuhr → S. 37

★ **Schwarzer Adler**
Wiener Sezession pur in der prächtigen Einkaufspassage von Oradea → S. 37

★ **Eishöhle Scărişoara**
Nur für gut gefütterte Wanderer zu empfehlen: frieren im Bauch der Berge → S. 38

★ **Domplatz**
Ziemlich k.u.k.: Wiener Barock mitten in Temeswar → S. 40

★ **Naturpark Retezat**
Wo mehr Bären als Menschen leben → S. 43

MARCO POLO HIGHLIGHTS

bahn (Mai–Okt. | Erwachsene ab 42, Kinder ab 6 Jahren ab 29 Lei | Voranmeldung unter Tel. 0262 35 33 81 oder mobil 0744 68 67 16 | www.cffviseu.ro oder www.wassertalbahn.ch) unternehmen. Die holzbefeuerte Dampflokomotive zieht die Waggons der letzten echten Waldbahn der Karpaten kurvenreich über Brücken und Tunnels von Vişeu de Sus durch das wildromantische *Wassertal (Valea Vaserului)*. Die Waldbahnen dienten ursprünglich nur dem Transport der in den Karpatenwäldern geschlagenen Hölzer. Auf einem Rangiergleis am Bahnhof von Vişeu de Sus können Eisenbahnfans sogar im Hotelzug, dem *Carpatia-Express (Reservierung am Bahnhof oder unter info@cffviseu.com | €)*, nächtigen.

ORADEA

(128 C3) (*E2*) **Die zauberhafte Stadt (224 000 Ew.) am malerischen Fluss Crişul Repede im Nordwesten nahe**

WOHIN ZUERST?
CITY **Rathaus (Primaria):** Der Jugendstilbau an der *Piaţa Regele Ferdinand* markiert das Zentrum der Altstadt. Ihr Auto können Sie gleich nebenan auf dem gebührenpflichtigen Parkplatz abstellen. Fußgängerzone und Schwarzer Adler sind von hier ganz nah, ebenso wie die *Piaţa Unirii* mit ihren vielen Kirchen. Vom Hauptbahnhof bringen Sie die Straßenbahnen 1 (rot), 1 (schwarz) und 3 (rot) zum Rathaus.

Ungarn ist das westliche Tor zum Apusenigebirge.

Oradeas prächtige Jugendstil- und Barockarchitektur sollte Ihnen einen ausgiebigen Zwischenstopp wert sein. Auf der Straße wird fast nur Ungarisch gesprochen. Die Magyaren nennen ihre Stadt *Nagyvárad*.

SEHENSWERTES

BAROCKPALAST

Das Gebäude im Petöfi-Sándor-Park, früher Bischofspalast, beherbergte das Museum für Geschichte, Kunst und Folklore der Region *(Muzeul Ţării Crişurilor)*, ist aber vor allem wegen seiner 100 mit Fresken geschmückten Räume bemerkenswert. *Zur Zeit nicht zu besichtigen*

BURG (CETATE)

Die sehr baufällige Burganlage aus dem 16. Jh. wird gerade renoviert. Nach Abschluss der Arbeiten werden die alten Mauern mit ihren Renaissance- und Barockelementen einen Blick wert sein. Bis dahin lohnt sich der Besuch des Geländes wegen des alten Backofens, der wieder betriebsfähig gemacht und um den herum ein Brotmuseum eingerichtet wird, das für Besucher geöffnet ist *(Öffnungszeiten standen bei Redaktionsschluss noch nicht fest)*. Hier können Sie traditionell gebackenes Brot und Brezeln probieren. Auf *www.youtube.com* dürfen Sie unter dem Stichwort „muzeul pâinii" schon mal zusehen, wie das funktioniert. *Piața Independenței*

KIRCHE MIT MOND (BISERICA CU LUNĂ) ★

Das barocke orthodoxe Gotteshaus von 1790 trägt auf dem 55 m hohen Turm eine ungewöhnliche Uhr, die die Mondphasen anzeigt. Innen gibt es Fresken von 1816 bis 1836 zu bestaunen. *Piața Unirii*

SCHWARZER ADLER (VULTURUL NEGRU) ★

Die prächtige Einkaufspassage von 1908 ist ein typisches Beispiel für die Wiener Sezession mit verglastem Spitzbogendach und kunstvollen bunten Glasscheiben. In den lebhaften Straßen drum herum mit kleinen Geschäften und Lokalen steht ein Jugendstilhaus neben dem anderen. *Zugang über Piața Unirii, Str. Independenței, Str. Alecsandri*

STAATSTHEATER (TEATRUL DE STAT)

Das neoklassizistische Gebäude entwarfen 1899 die Wiener Architekten Ferdinand Fellner und Hermann Helmer. *Piața Republicii*

ESSEN & TRINKEN ÜBERNACHTEN

DACIA-CONTINENTAL

Der 9-stöckige, moderne Hotelkasten ist nicht schön, aber verspricht allen Komfort mit Restaurant, Nachtbar und Pool. *115 Zi. | Aleea Ștrandului 1 | Tel. 0259 41 86 55 | oradea@continentalhotels.ro | €€€*

GALA

Ebenso gemütlich wie rustikal geht es in dieser Hotelpension am Stadtrand von Oradea zu. Im hauseigenen Restaurant mit Terrasse kommen schwere siebenbürgische Gerichte auf den Tisch.

Prächtig shoppen: Schwarzer Adler

Besonders stolz ist die Crew auf ihren Weinkeller. *20 Zi. | Str. Bogdan Petricei-cu Hașdeu 20 | Tel. 0259 46 71 76 | www. hotelgala.ro | €€*

VULTURUL NEGRU

Dieses Art-déco-Hotel in der gleichnamigen eleganten Passage erstrahlt in entsprechendem Glanz. Gemessen an der exquisiten Pracht und dem Komfort auf neuestem technischen Stand ist es recht preiswert. *47 Zi. | Str. Independenței 1 | Tel. 0259 45 00 00 | www.vulturulnegru.ro | €€€*

TOURISTENINFORMATION
In der Burg, geöffnet trotz laufender Sanierungsarbeiten | Piaţa Independenţei 39 | Tel. 0259 43 51 40 | cetate@rdsor.ro

war. Zwar gibt es offizielle Öffnungszeiten, aber man kann immer hinein. Warme Kleidung ist oberstes Gebot, denn unten ist es auch im Sommer eiskalt. In die grün bewachsene Schlucht zur Höhle führt allerdings nur eine äußerst klappri-

Eiszeit verpasst? In der Eishöhle Scărişoara lässt sie sich nachholen

ZIELE IN DER UMGEBUNG

BÄRENHÖHLE (PEŞTERA URSULUI)
(128 C4) (*M E3*)
Bis zu 55 000 Jahre alte Stalaktiten und Stalagmiten locken in der spektakulären Tropfsteinhöhle am Dorf Chişcău. Die Höhle heißt so, weil dort 1975 das Skelett eines prähistorischen Bären gefunden wurde. *Zugang nur mit Führung, Mai–Sept. tgl. 10–17 Uhr. 82 km südöstl.*

EISHÖHLE SCĂRIŞOARA ★
(129 D4) (*M F3*)
Eine niemals schmelzende, 7500 m³ große, glitzernde Eislandschaft tut sich hier unter der Erde auf. Das Naturwunder stammt aus der Eiszeit, als das gesamte Apusenigebirge mit Gletschern bedeckt

ge metallene Stiege, um deren Instandhaltung sich niemand kümmert. Aber wegen der herrlichen Hügellandschaft der Umgebung lohnt die unbequeme Anreise auf einer Schotterpiste. Bei nassem Wetter brauchen Sie ein Auto mit Allradantrieb.
Wie hingetupft liegen hundert Jahre alte **INSIDER TIPP** Bauerneinödhöfe in den Hängen. Im nahen Dorf *Gârda de Sus* richten die Bauern immer mehr kleine Gasthöfe für die wachsende Zahl von Besuchern ein. Liebevoll umsorgt und zum Platzen gefüttert mit siebenbürgischen Köstlichkeiten wird der Gast etwa in der Familienpension *Scărişoara (15 Zi. | Ortsteil Gheţar | Hausnr. 243 | Tel. 0744 52 83 63 oder 0788 81 37 84 | pascanicodim@yahoo.com | €).* Die Familie be-

treibt zudem eine traditionelle Farm auf 1100 m Höhe, etwa 800 m von der Scărișoara-Höhle entfernt. Wirt Nicodim Pasca führt auch Gruppen ab 6 Personen durch das Westgebirge. *100 km südöstl., Route über Beiuș, Arieșeni*

INSIDER TIPP IZVORU CRIȘULUI
(129 D4) *(ⓜ F3)*
Eine einzige Shoppingmeile für Folklorefans ist dieses Dorf an der Landstraße Oradea–Cluj. Direkt an der Ortsdurchfahrt bieten zig Läden authentische alte ungarische Bauerntrachten und bestickte Tischdecken an. *70 km östl.*

STÂNA DE VALE **(128 C4)** *(ⓜ E3)*
Der idyllische Klecks in der Hügellandschaft in 1102 m Höhe ist Kurort und traditioneller Treffpunkt der Wintersportler und Wanderer. Den Winter über bis Mitte April liegen hier bis zu 2 m Schnee. Besondere Attraktion sind die Wasserfälle *Iadolina, Moara Dracului* („Teufelsmühle") und *Săritoarea Ieduțului*, die man von Stâna de Vale aus im 42 km langen *Valea Iadului* („Höllental") erwandern kann. Größtes Hotel mit Wellnessangeboten ist das *Iadolina (42 Zi. | 7 Ferienhäuser | Tel. 0259 32 25 83 | Tel. 0744 59 93 34 | www.transilvaniatour.ro | €–€€). 127 km südöstl.*

TEMESWAR (TIMIȘOARA)

(128 B6) *(ⓜ D4)* **Die Hauptstadt des Banats (332 000 Ew.) im rumänischen Teil der ungarischen Puszta wirkt, als habe man aus der Metropole Budapest die Luft herausgelassen, sodass eine k.u.k.-Stadt im Kleinformat übrig blieb.** Kaum zu glauben, dass Temeswar im 19. Jh. die erste elektrische Straßenbe-

CITY WOHIN ZUERST?
Domplatz (Piața Unirii): Mitten im schönsten Wiener Barock landen Sie auf diesem von historischen Gebäuden wie *Dom* und *Kunstmuseum* gesäumten Platz. Wer aus Richtung Lugoj per Auto anreist, sollte noch an der *Piața Ionel I. C. Brătianu* oder in der *Str. Oituz* parken und durch die *Str. M. Corvin* zu Fuß zum Domplatz gehen. Von hier sind Nationaltheater, Lloyd-Zeile und Bega-Kanal nicht weit. Vom Hauptbahnhof aus nehmen Sie am besten ein Taxi.

leuchtung Europas besaß. Heute wirkt es eher abgerissen: Der Putz bröckelt von den barocken Fassaden der Innenstadt, der Besucher stolpert durch Schlaglöcher. Dabei erlebt auch Temeswar einen Wirtschaftsboom. Doch noch ist das neue Geld kaum zu sehen.

Im 18. Jh. haben Österreicher die Stadt nach der Vertreibung der Türken als Garnison errichtet. Ein Völkergemisch aus Deutschen, Rumänen, Ungarn, Serben und Juden bestimmte einst die städtische Atmosphäre. Noch heute hört man viel Ungarisch und Serbisch auf der Straße. Im Dezember 1989 spielten sich in Temeswar blutige Szenen ab, als hier die Revolte begann, die zum Sturz Ceaușescus führte.

SEHENSWERTES

ALTES RATHAUS (PRIMĂRIA VECHE)
Das barocke alte Rathaus wurde 1734 vom italienischen Architekten Pietro Bonzo entworfen und auf den Grundmauern eines im Türkenkrieg zerstörten türkischen Bads errichtet. Es ist das älteste Gebäude der Stadt. *Piața Libertății*

TEMESWAR (TIMIȘOARA)

Bei den Prachtbauten an Temeswars schönem Domplatz dominiert das 18. Jahrhundert

DOMPLATZ (PIAȚA UNIRII) ★

Über Kopfsteinpflaster schlendert man auf diesem quadratischen Platz voller Wiener Barock am besten zur Caféterrasse direkt gegenüber der Dreifaltigkeitssäule, die Ende des 18. Jhs. aus Dankbarkeit nach einer überstandenen Pestepidemie errichtet wurde. Von hier schweift der Blick zum alten Präfekturpalast, heute ein Kunstmuseum, auf die serbisch-orthodoxe Kathedrale und den römisch-katholischen Dom, ein Werk des berühmten Wiener Architekten Emanuel Fischer von Erlach. Innen stehen acht Altäre, reich verziert mit barocken Schnitzereien und Gemälden. Alle drei Gebäude wurden 1745 vollendet.

GESCHICHTSMUSEUM (MUZEUL DE ISTORIE) ●

Das Museum liegt in der alten Hunyadenfestung, die im 18. Jh. wiederaufgebaut wurde, nachdem das Original aus dem 14. Jh. zerstört worden war. Hier wird die Geschichte der Region präsentiert. Eine Straßenlaterne aus dem 19. Jh. vor dem Eingang zum Museum erinnert daran, dass Temeswar als erste europäische Stadt nachts elektrisch beleuchtet war. *Di–So 10–18 Uhr | Piața Ion Huniade 1*

KUNSTMUSEUM (MUZEUL DE ARTĂ)

In dem barocken Gebäude sind Werke rumänischer Künstler vor allem aus der Region zu sehen, aber auch Kunsthandwerk. *Di–So 10–16 Uhr | Piața Unirii 1 | Eingang Str. Florimund Mercy 1*

LLOYD-ZEILE (PIAȚA VICTORIEI)

Die Fußgängerzone zwischen Oper und rumänisch-orthodoxer Kathedrale ist Temeswars Flaniermeile mit vielen Geschäften, gesäumt von abwechslungsreicher Architektur aus Wiener Sezession und rumänischem Neo-Brâncoveanu-Stil. Gegenüber der Oper lädt das traditionsreiche Restaurant *Lloyd (€)* mit seiner Außenterrasse zur Pause ein – allerdings bei nur durchschnittlicher internationaler Küche. Der Platz war Hauptkampfgebiet während der 1989er-Revolte. Auf den Stufen der Kathedrale, kam es zur grausamsten Gewalttat jener Tage: Die Armee erschoss gezielt eine Gruppe Kinder.

PRINZ-EUGEN-HAUS
(CASA EUGEN DE SAVOYA)

„Prinz Eugen, der edle Ritter", wie es in einem Volkslied heißt, hat das Banat von den Türken befreit. In dem Barockhaus von 1717 hat der berühmte österreichische Feldherr gewohnt. Ein Gemälde über dem Eingangsportal zeigt die Türkenvertreibung. *Str. Ceahlău 24*

VOLKSKUNDEMUSEUM
(MUZEUL DE ETNOGRAFIE)

Trachten und Gebrauchsgegenstände der Banater Bauern aller vier Nationen sind in diesem Gebäude ausgestellt, das in einem Teil der alten Festung untergebracht ist. *Di–So 10–16.30 Uhr | Str. Popa Șapcă 1*

ESSEN & TRINKEN ÜBERNACHTEN

CONTINENTAL HOTEL

Das große Haus im Zentrum aus den 1970er-Jahren wurde modernisiert und verspricht nun allen Komfort mit Restaurant, Bar und Pool. *164 Zi. | Bd. Revoluției 1989 5 | Tel. 0256 49 41 44 | www.hotel continental.ro | €€*

HOTEL SAVOY

Edles Innenstadtdomizil am Ufer der Bega mit Blick auf die orthodoxe Kathedrale. Der Altbau ist innen neu ausgebaut, mit interessanten Lichthöfen aus Glas. Das Haus bietet allen Komfort. *52 Zi. | Splaiul Tudor Vladimirescu 2 | Tel. 0256 24 99 00 | www.hotelsavoy-tm.com | €€€*

PERLA-HOTELS

Hier hat man seine Ruhe und allen Komfort nebst Flughafentransfer. Die kleinen Häuser Perla 1, 2 und 3 liegen in einer Wohngegend. *100 Zi. | Str. Râmneanțu 4 | Elvila Celebi 14 | Protopop George Dragomir 9 | Tel. 0256 20 31 00 | www. hotelperla.ro | €€€*

AM ABEND

CLUB 30

Im Lokal nahe der rumänisch-orthodoxen Kathedrale spielen Livebands vorwiegend Oldies aus den 1970er- und 1980er-Jahren. *Piața Victoriei 7*

LLOYD-ZEILE (PIAȚA VICTORIEI)

Auf den Bierterrassen am Korso pulsiert das Leben der Stadt, vor allem in der warmen Jahreszeit.

INSIDER TIPP ▶ POD16

Jazz und alternativen Rock live gibt es in dem originellen Club direkt am Ufer des Flusses Bega, an der Brücke nahe der orthodoxen Kathedrale.

THEATER IN DEUTSCHER SPRACHE

Im Opernhaus spielt das seit 1953 existierende Temeswarer Deutsche Staatstheater regelmäßig klassische und moderne Stücke. Spielplan unter *www.infotim.ro/ tgst/dstt.htm* oder *www.dstt.ro*

AUSKUNFT

INFOCENTRU

Im Opernhaus | Eingang über Str. Alba Iulia 2 | Tel. 0256 43 79 73 | www.prima riatm.ro

ZIELE IN DER UMGEBUNG

ARAD (128 B5) (*W D4*)

Die 53 km nördlich gelegene Stadt ist nach Temeswar ist die zweitgrößte (170 000 Ew.) im Banat, sie liegt in der gleichnamigen Ebene am Mureș-Fluss (Marosch). Bis Mitte des 18. Jhs. war Arad eher ein Städtchen. Der Bau einer neuen Festung am Südufer der Marosch beeinflusste die Entwicklung der heute pulsierenden Stadt maßgeblich. Zwischen 1763 und 1783 entstand die

Festung im Vauban-Stil. In einer 2 km breiten Sicherheitszone um die Festung herum durften keine Zivilbauten entstehen. Bis heute hat sich dieses Verbot erhalten, da sich auf dem Gelände eine Militäreinheit befindet. Fotografieren ist dort nicht erlaubt.

Die Einheimischen gehen gern ins ● **INSIDER TIPP** *Neptun-Freibad* am linken Marosch-Ufer. Das riesige Bad lockt mit viel Grün und zwei Thermalwasserbecken. Die weitläufige Anlage verfügt auch über viele Terrassen und Spielplätze. Der Eintritt liegt für Westeuropäer sehr günstig zwischen 0,40 und 2,50 Euro.

BÄILE HERCULANE (HERKULESBAD)
(132 C3) (*⌘ E5*)

Schon in der Antike war das im Süden des Banats 180 km von Temeswar liegende *Herkulesbad* (6100 Ew.) für seine heilenden Quellen bekannt. Spuren von Thermen aus der Römerzeit – damals hieß der Ort *Aqua Herculis* – zeugen noch heute davon. Vor Kurzem legte man hier einen Römerweg an, der im historischen Stadtkern beginnt und bis zur Kreuzung mit der Nationalstraße 67 D führt. Der Weg ist Teil der grenzüberschreitenden Römerstraße, der *Via Danubii*. Der Legende nach soll Herkules an diesem Ort seine Wunden nach dem Kampf mit der Hydra geheilt haben. Das mediterrane Klima sorgt für eine ansprechende Flora und Fauna (am besten im *Domogled-Naturpark* zu betrachten), die Infrastruktur ist zum Teil etwas heruntergekommen, aber es gibt mehrere Hotels und Pensionen. Weitere Infos unter *www.baileherculane.ro*

Im *Cerna-Tal* nicht weit von Bäile Herculane im Nordosten können Sie kostenlos in natürlich gebildete kleine Becken mit heißem Thermalwasser steigen – die sieben Quellen genannt, ● *Şapte izvoare*. Wer mag, setzt seine Fahrt fort bis ins 43 km entfernte *Drobeta Turnu-Severin* (133 D4) (*⌘ E6*). In der Stadt an der Donau, in der Kurt Tucholsky evangelisch getauft wurde, stehen die Ruinen der von Apollodorus von Damaskus, einem berühmten römischen Architekten, im Jahr 103 gebauten *Trajansbrücke* am Flussufer. Auf der Strecke sollten Sie bei

VON BÄREN UND MENSCHEN

In Rumäniens Bergen leben etwa 5000 Braunbären und damit europaweit die meisten. Von Natur aus menschenscheu, sind sie im Normalfall nur mit viel Glück zu beobachten. Dennoch kam es in den vergangenen Jahren immer wieder zu Bärenangriffen, auch mit tödlichem Ausgang für Menschen, hauptsächlich in der touristisch überlaufenen Region Brașov. Dort sind die Bären zwar an Menschen gewöhnt, aber keineswegs zahm. Deshalb ist unbedingt davon abzuraten, in dieser Region im Gebirge wild zu zelten. Anders verhalten sich die Bären in den menschenleeren Regionen wie dem Retezat-Gebirge. Dort fliehen sie schon, wenn sie einen Menschen auch nur wittern. Ihre Chancen, dort Bären mit eigenen Augen zu sehen, sind im Frühling am größten, wenn die Tiere die gut bestückten Futterstellen der Förster besuchen. Geführte Touren bietet z. B. *Green Mountain Holidays | Manastireni 277 | Tel. 0744 63 72 27 | www.greenmountainholidays.ro*

km 380 unbedingt einen Stopp einlegen: Von hier aus können Sie die sogenannte *Banater Sphinx,* ein seltsames Felsgebilde über dem Wald am gegenüberliegenden Ufer der Cerna bewundern.

LIPOVA (128 B5) *(⌘ E4)*

Im Städtchen (11 000 Ew.) liegt die imposante barocke, zweitürmige Wallfahrtskirche Maria Radna weithin sichtbar auf einem Hügel. Den ansteigenden Fußweg zum Eingang säumen überlebensgroße Heiligenfiguren, Furcht erregend und faszinierend zugleich. Einst war hier ein Dominikanerkloster angesiedelt. Jedes Jahr zu Mariä Himmelfahrt am 15. August herrscht rund um Kirche und Kloster großes Wallfahrtsgedränge und Jahrmarktstreiben. In der Riesenkirche, die 5000 Menschen Platz bietet, gibt es dann nicht einmal mehr Stehplätze. *60 km nordöstl.*

NATURPARK RETEZAT ★
(133 D2) *(⌘ F5)*

In die wildeste Berglandschaft Rumäniens verirren sich nur wenige Wanderer. Geübte Bergsteiger wagen sich auf den 2511 m hohen Gipfel Peleaga. Im 540 km² großen, unter Naturschutz stehenden Paradies gibt es richtige Urwälder. 80 Gletscherseen blitzen in den Schluchten auf. Braunbären spazieren umher. Übernachten kann man im Zelt, aber inzwischen auch in komfortablen Pensionen, die einsam in der Wildnis liegen, z. B. in der Hütte *Codrin (20 Betten Vollpension möglich | Tel. 0724 79 36 20 oder Tel. 0721 411 3 09 | www.codrin.ro | €).* Die letzten 6 km der Zufahrt führen über einen ungepflasterten Forstweg. Hausherr Ciprian Traila vermittelt auch Quartiere in anderen Hütten und organisiert Gruppenbergtouren. Nächste Städte sind Haţeg im Norden, Caransebeş im Westen und Petroşani im Osten. *100 km südöstl.*

Lipova: Wallfahrtskirche Maria Radna

INSIDER TIPP ▶ SARMIZEGETUSA
(133 D2) *(⌘ F5)*

Sein Name ist ein Zungenbrecher, und auch sonst hat es der Ort in sich: Ruinen aus der Römerzeit mit Überresten von Forum Romanum und Tempeln liegen verstreut und völlig vernachlässigt auf einem Feld direkt an der Landstraße. Es sind Teile der ehemaligen Hauptstadt der römischen Provinz Dacia, die unter Kaiser Trajan 108–110 n. Chr. gebaut wurde und ursprünglich *Colonia Ulpia Traiana Augusta Dacica* hieß; Kaiser Hadrian fügte noch *Sarmizegetusa,* den Namen der ehemaligen Dakischen Hauptstadt, hinzu. Alles wirkt ausgesprochen kurios, inmitten von Wiesen, Bauernhöfen, Kühen und Federvieh. Die Mauern bestehen aus denselben Steinen, die die Bauern noch heute für ihre Zäune benutzen: dicke Kieselsteine aus dem nahen Bach. *150 km südöstl.*

SIEBENBÜRGEN

Siebenbürgen – das klingt wie „hinter den sieben Bergen bei den sieben Zwergen". Doch das Land gibt es wirklich. Der Name des Hochlands im Karpatenbogen leitet sich her von den vielen Burgen, die Ritter und Bauern von Rhein und Mosel vom 12. Jh. an hier bauten.

Die Nachfahren der Einwanderer, rund 700 000 Siebenbürger Sachsen, lebten dort bis zur Machtübernahme der Kommunisten 1947. Danach wanderten die meisten nach Deutschland aus – getrieben von Mangelwirtschaft und Diktatur. Siebenbürgen, Banat, Maramureş und Apuseni gehörten zum österreichisch-ungarischen Imperium, bis es 1918 nach dem Ersten Weltkrieg zerbrach. Im 9. Jh. eroberten Ungarn die Region, die damals lateinisch *Transsilvania* („Land

jenseits der Wälder") genannt wurde. Auch der ungarische Name *Erdély* („Waldland") erweist den Bäumen Reverenz. Ungarnkönig Géza (1141–1162) ließ deutsche Ritter zum Schutz der Grenzen einwandern. Ihre Burgen tauchen heute wie unwirkliche Filmkulissen in den Hügeln auf.

Siebenbürgen war 1000 Jahre lang ein multinationaler Flickenteppich. Erst bildeten Ungarn und Deutsche die herrschende Schicht. Die Rumänen behaupteten sich vom 16. Jh. an. Jetzt leben dort noch etwa 1,5 Mio. Ungarn und einige Zehntausend Sachsen. In Sibiu erleben Sie die noch aus Zeiten der Maria Theresia herrührende Dreisprachigkeit in den römisch-katholischen Kirchen. Es werden Messen auf Rumänisch, Ungarisch und

Bild: Detail der orthodoxen Kathedrale in Cluj-Napoca

Hier mystisch und geheimnisvoll, dort malerisch und lieblich – Siebenbürgen lässt die Phantasie reiche Blüten treiben

Deutsch gehalten, an hohen Feiertagen sind sie dreisprachig. Wer sich für schaurige Legenden interessiert, setzt sich auf die Spuren Draculas.

Die Bewohner des Landstrichs stehen vor der großen Aufgabe, die Architekturschätze zu bewahren und zugleich die touristische Infrastruktur den Ansprüchen des 21. Jhs. anzupassen. Vielerorts ist man damit überfordert und die über lange Zeit gewachsene Dörferlandschaft weist klaffende Wunden auf – geschlagen von unpassenden Neubauten und Kunststofffffenstern in alten Rahmen. Der *Mihai Eminescu Trust (www.mihai eminescutrust.org)* und Stiftungen wie *Heritas* kämpfen für den Erhalt der traditionellen Bauweise.

BRAȘOV (KRONSTADT)

(130 A6) *(⌖ H4)* **Brașov (300 000 Ew.) liegt im südöstlichen Karpatenknie.**

Ein Turm macht noch keine Kirche: Brașovs knapp 600 Jahre altes Rathaus

Schmuckstück ist die Altstadt in einem Talkessel.

CITY WOHIN ZUERST?
Schwarze Kirche: Das Wahrzeichen Brașovs liegt mitten in der Altstadt. Am besten parken Sie auf dem bewachten gebührenpflichtigen Parkplatz in der *Str. Gh. Barițiu* und laufen dann zurück. Vom Hauptbahnhof aus sollten Sie ein Taxi nehmen. Von der Schwarzen Kirche aus lässt sich die Altstadt fußläufig besichtigen.

Auf dem hübsch renovierten Rathausplatz *(Piața Sfatului)* mit den barocken Fassaden pulsiert das Leben in Cafés, Kneipen und Geschäften.
Deutsche Ritter und Handwerker gründeten Brașov im 13. Jh. Das Wahrzeichen der Stadt ist die protestantische sogenannte Schwarze Kirche. Von hier aus verbreitete der humanistische Gelehrte,

Buchdrucker und Stadtpfarrer Johannes Honterus (1496–1549) den Protestantismus unter den Sachsen. Zeitgleich druckte der rumänische Diakon Coresi außerhalb der Stadtmauern die ersten Bücher in rumänischer Sprache und bereitete damit der rumänischen Schriftsprache den Weg. So behaupteten sich die siebenbürgischen Rumänen hier erstmals als Nation. Inmitten von Bergen, Wanderwegen und Skigebieten ist Brașov idealer Ausgangspunkt für Ausflüge und für Wintersport.

SEHENSWERTES

ALTES RATHAUS (PRIMĂRIA)
Das gedrungene Gebäude am Hauptplatz von Kronstadt sieht mit seinem Uhrenturm eigentlich wie eine Kirche aus, war aber 500 Jahre lang Rathaus. Nach einem Brand wurde das Haus im Jahr 1770 barock restauriert und bekam den sogenannten Trompeterturm hinzu. Es beherbergt heute ein Geschichtsmuseum mit Zeugnissen der sächsischen Zünf-

te. *Di–So 9–17 Uhr, im Sommer bis 16 Uhr | Piața Sfatului*

BARTHOLOMÄUSKIRCHE (BISERICA SF. BARTOLOMEU)

Kronstadts ältestes Gebäude (1234) hat nur einen Turm, der etwas verloren rechts neben dem frühgotischen Hauptportal steht und dem romanischen Bauwerk ein bizarres Ungleichgewicht verleiht. Offensichtlich war ein zweiter Turm geplant, wurde aber nie gebaut. *Str. Lungă 251*

SANKT NIKOLAUS-KIRCHE (BISERICA SF. NICOLAE)

Die rumänisch-orthodoxe Kirche (1512) beeindruckt mit einem bizarren Stilmix: außen gotisierende Formen, innen ist byzantinisches Dekor mit Fresken aus dem 18. Jh. und Ikonen kombiniert. Daneben steht das älteste rumänische Schulhaus, das heute ein Museum ist und u. a. mit der ältesten Druckerpresse Rumäniens sowie der ältesten rumänischsprachigen Bibel aufwartet. *Tgl. 9–17 Uhr | Piața Unirii*

SCHWARZE KIRCHE (BISERICA NEAGRĂ) ★

Die größte gotische Kathedrale Südosteuropas lockt mit einer Kuriosität: An den Emporen hängen alte orientalische Gebetsteppiche – Geschenke reicher sächsischer Kaufleute mit Geschäftsbeziehungen in den Orient. In dem von 1385–1477 erbauten Gotteshaus predigte der Humanist Johannes Honterus, der dort auch neben dem Bronzetaufbecken begraben ist. Ihren Namen bekam die Kirche 1689 nach einem Großbrand, der die Mauern schwärzte. Seit einer Renovierung ist das wuchtige Gebäude grau. Die Orgel mit mehr als 4000 Pfeifen ist die größte der Region – Konzertbesuche sind sehr zu empfehlen. *Curtea Johannes Honterus 1 | Südseite des Rathausplatzes*

STADTBEFESTIGUNG

Die 2 m dicken und 12 m hohen Stadtmauern boten Einlass über imposante Öffnungen wie das Katharinentor *(Poarta Ecaterinei)* mit vier Ecktürmen. Von

---

⭐ **Schwarze Kirche**
Brașovs Kathedrale ist das größte gotische Bauwerk in Südosteuropa
→ S. 47

⭐ **Bran**
Wo Dracula ein gern gesehener Gast war: Eine Ritterburg wie aus dem Bilderbuch → S. 49

⭐ **Peleș**
Das Hohenzollernschloss zeugt von Prunk und Heimweh → S. 50

⭐ **Brukenthal-Museum**
Rumäniens bedeutendstes Museum in Sibiu steht für den Kunstsinn des Barons von Brukenthal → S. 54

⭐ **Lügenbrücke**
Unter der Last von Lügnern soll die Brücke in Sibiu der Legende nach zusammenbrechen. Wollen Sie es ausprobieren? → S. 55

⭐ **Biertan**
Keine ist so prächtig: Das Schmuckstück unter den Kirchenburgen Siebenbürgens → S. 57

⭐ **Sibiel**
Ikonen, Ikonen, Ikonen → S. 58

⭐ **Sighișoara**
Hier wurde Dracula geboren. Möchten jedenfalls seine Fans gern glauben → S. 58

MARCO POLO HIGHLIGHTS

acht Pulvertürmen blieben drei erhalten: die *Tuchmacherbastei* im Norden, die *Seilerbastei* in der Mitte und im Süden die *Leinweberbastei*. Im Innenhof gibt es sommers Kulturveranstaltungen.

STADTMUSEUM

In der früheren Leinweberbastei wird die Geschichte von Stadt und Region an Modellen erklärt. *Di–So 10–16 Uhr | Str. Gheorghe Coşbuc 9*

DIE ZINNE (TÂMPA)

Der ☀ Gipfel des Hausbergs von Kronstadt ist ein schöner Aussichtspunkt in 955 m Höhe. Hinauf führt eine Kabinenseilbahn. *Ab Talstation Burgpromenade*

ESSEN & TRINKEN

BUTOIUL SASULUI

„Fass des Sachsen" heißt die rustikale Stube in der Altstadt. Auf den Tisch kommt Deftig-Siebenbürgisches und ins Glas Wein aus eigener Kellerei. *Strada Republicii 53–55 | Tel. 0268 410499 | www.butoiul-sasului.ro | €€*

CERBUL CARPATIN

Das Restaurant im „Hirscherhaus" ist der Hort einer Legende. Die Witwe des einstigen Bürgermeisters Lukas Hirscher schenkte das Renaissancegebäude 1545 der Stadt aus Freude darüber, dass ihre totgeglaubte Tochter wieder zum Leben erwachte. Rumänische Küche und Wein aus eigenem Keller, abends ab und zu Livemusik. *Piaţa Sfatului 12 | Tel. 0268 476184 | €€*

FESTIVAL 39

Hier werden Sie zurückversetzt in die Zwischenkriegszeit bei guter Musik und reichhaltiger Speise- und Getränkekarte. *Str. Republicii 62 | Tel. 0743 339909 | www.festival39.com | €€*

LOW BUDGET

▶ Die Fußgängerzone von Hermannstadt ist voller Gratis-Hotspots. Drahtlos ins Internet kommen Sie zum Beispiel im *Erasmus-Büchercafé (Str. Mitropoliei 30)*, im *Café Haller* und im *Café Amber,* alle drei am Großen Ring *(Piaţa Mare)*.

▶ Die günstigsten Unterkünfte bietet die Evangelische Kirche in ihren Gästehäusern in Sibiu – allen voran die prachtvolle Casa Luxemburg – sowie in vielen siebenbürgischen Dörfern. Rechtzeitig buchen! *Evangelisches Stadtpfarramt, gegenüber der Stadtpfarrkirche | Piaţa Huet | Tel. 0269 213141 | gast@evang.ro*

AM ABEND

Am Rathausplatz von Braşov und in der Fußgängerzone Str. Republicii sitzen Sie in vielen Cafés und Bistros auch abends gemütlich.

CLUB MEDIEVAL CODLEA

Mittelalterlich dekorierte Kneipe. *Tgl. 18–6 Uhr | Str. Lungă 60*

HACIENDA

Große Disko in einer alten Fabrik am östlichen Rand der Altstadt. *Tgl. 21–5 Uhr | Str. Carpaţilor 17*

ÜBERNACHTEN

ARO-PALACE

Nobelhotel der Nachkriegszeit mit Restaurant und Nachtclub. *307 Zi. | Bd. Eroilor 27 | Tel. 0268 478800 | €€€*

BELLA MUZICA

Gemütlich, aber hochmodern ist diese Herberge im Gründerzeitgebäude am Rathausplatz. *22 Zi. | Piaţa Sfatului 19 | Tel. 0268 47 79 56 | www.bellamuzica.ro | €€*

tige Gemäuer mit vielen Erkern und Türmchen setzten die Kronstädter Sachsen 1377 auf einen Felsen – mit herrlicher Aussicht in das bewaldete Tal und auf die Bucegi-Berge. Im Schloss *(Di–So 9–16 Uhr)* selbst

Spektakulär die Lage, düster-romantisch die Legende: Schloss Bran (Törzburg)

CHAMBERS'N CHARM

In dieser Villa darf sich der Gast im türkischen Bad räkeln und wird anschließend massiert. Jedes der Zimmer ist anders eingerichtet – kuschelig, feierlich, orientalisch oder schrill. *9 Zi. | Str. Stejerişului 27 | Tel. 0268 51 29 92 | www.chambers-charm.ro | €€€*

AUSKUNFT

TOURISMUSAGENTUR
im Hotel Aro-Palace | Tel. 0268 47 88 00 | www.brasov.ro – auch ausführliche Auskünfte zu Wandertouren

ZIELE IN DER UMGEBUNG

BRAN (TÖRZBURG) ★ ☀
(130 A6) *(⌀ H5)*
Hier soll Draculas Vorbild, Fürst Vlad Ţepeş, öfter genächtigt haben. Das wuch-

ist Feudalkunst vom 16.–19. Jh. zu sehen, draußen alte Bauernhäuser. *27 km südöstl. Richtung Câmpulung*

BUŞTENI (134 A2) *(⌀ H5)*
Von dem Ort aus am Fuß des Bucegi-Gebirges, 39 km südlich von Braşov, gelangen Sie per *Drahtseilbahn (Telecabina | Mitte Juni–Mitte Sept. tgl. 7.30–17.45, Mitte Sept.–Mitte Juni tgl. 8.30–15.45 Uhr)* zur sogenannten *Karpaten-Sphinx* auf das Bucegi-Plateau. Dabei handelt es sich um ein Felsengebilde, das durch Winderosion entstanden ist. Vorsicht: Wer den Abstieg über die Felsen zu Fuß wagen will, muss Wanderschuhe (!) tragen und schwindelfrei sein.

POIANA BRAŞOV (130 A6) *(⌀ H5)*
Traditionsreichster, überlaufenster Ski- und Wanderort in den Karpaten mit vielen modernen Hotels, Pensionen, Re-

König Carols Heimwehschloss: Peleş

staurants und Kneipen. Wohlige Schauer verspricht das Hotel *Acasă la Dracula (17 Zi. | Str. Poiana lui Techil 22 | Tel. 0268 26 20 57 | www.house-of-dracula.com | €€€)*. Infos zu Touren und Unterkünften: *www.poiana-brasov.com und poiana.8k. com. 12 km südl.*

PREDEAL (130 A6) (*H5*)
Für Ski- und Wandertouren ist dies der klassische Ausgangspunkt. Übernachten kann man in Dutzenden Hotels, Pensionen und Hütten. Auskunft gibt es neben dem Bahnhof im *Centrul de Informare şi Promovare al Turismului | Str. Intrarea Gării 1 | Tel. 0268 45 53 30 | contact@ predeal.ro. 20 km südl.*

PREJMER (TARTLAU) (130 B6) (*H4*)
Wuchtige, 3–4 m dicke Mauern umgeben die sächsische Wehrburg mit goti-

scher Kirche aus dem 15. Jh. Zu sehen gibt es eine ausgeklügelte Waffe: Mit der sogenannten Todesorgel konnten mehrere Geschosse gleichzeitig abgefeuert und Belagerer in Angst und Schrecken versetzt werden. *20 km nordöstl.*

SINAIA (130 A6) (*H5*)
In dem Nobelkurort mit Kasino vergnügten sich Adel und Reiche schon vor hundert Jahren. Heute lockt Sinaia (14 500 Ew.) auch ganz normale Skitouristen auf die bis zu 2000 m hoch gelegenen Hänge. Es gibt eine Bob- und Rodelbahn sowie eine Gondelbahn.

Den Zauber der Monarchie vergangener Zeiten kann man im idyllischen Schloss ★ *Peleş (Di 11–17, Mi–So 9–17 Uhr, Sept.–April auch Di geschl.)* erleben, das seit dem Ende des Kommunismus wieder dem rumänischen Ex-König Mihai I. aus dem Haus Hohenzollern-Sigmaringen gehört. Mihais Urgroßonkel, Rumäniens Carol I., hatte das eklektizistische Fachwerkanwesen nach dem Vorbild des Schlosses Sigmaringen als Sommerdomizil bauen lassen. Unbedingt ansehen sollten Sie auch die später gebaute *Villa Pelisor (Do–So 11–19, Sept.–April Mi 11–17, Do–So 9–17 Uhr)*, in der Carols Neffe, König Ferdinand, mit Familie Ferien machte. Spektakulär ist hier ein Zimmer mit ganz in Gold gehaltenen Wänden – das Atelier der exaltierten, kunstbeflissenen Königin Maria. Info: *Muzeul Naţional Peleş | www. peles.ro. 40 km südl.*

CLUJ-NAPOCA (KLAUSEN-BURG)

(129 E4) (*F3*) Diese Stadt im Norden der Region Siebenbürgen streckt sich

am Ufer des Flusses Somes entlang. Sie (330 000 Ew.) führt eigentlich sogar drei Namen, denn die Ungarn, die sie zu einem Drittel bevölkern, nennen sie Kolozsvár.

(CITY) WOHIN ZUERST?
Piața Unirii: Von diesem zentralen Platz der Innenstadt aus mit seinen schönen historischen Bauten und den vielen Cafés erreichen Sie das Wichtigste zu Fuß. Ihr Auto parken Sie gebührenpflichtig direkt an der Piața Unirii oder in der näheren Umgebung, z. B. auf dem Parkplatz *Marasti (Calea Dorobantilor 105)*. Vom Hauptbahnhof im Norden von Cluj-Napoca bringen Straßenbahn- und Buslinien Sie direkt zum Platz.

Im Zentrum atmet Cluj-Napoca das Flair einer zugleich altehrwürdigen und modernen Universitätsstadt. Entsprechend bevölkern auch viele junge Leute die Bars, Cafés und Kneipen in der Innenstadt um die Piața Unirii, den von Neoklassizismus und Spätbarock geprägten zentralen Platz. Bis zum Zusammenbruch der k.u.k.-Monarchie 1918 war Cluj die Hauptstadt der Provinz Siebenbürgen und gilt daher bis heute als wichtiges geistiges Zentrum der Magyaren. Gelegentlich äußern sich in der Stadt ungarisch-rumänische Ressentiments.

SEHENSWERTES

APOTHEKENMUSEUM
(COLECȚIA DE ISTORIE A FARMACIEI)
Lauter Gerätschaften aus den alten Zeiten der Heilkunst können Sie im Gebäude der ältesten Apotheke der Stadt (1573) ansehen. *Di–So 10–16 Uhr | Str. Regele Ferdinand 1*

BABEȘ-BOLYAI-UNIVERSITÄT
Der große Neorenaissancekomplex der Universität beherbergt acht Fakultäten mit rumänischer, ungarischer und deutscher Unterrichtssprache. 1872 als Franz-Joseph Universität eröffnet. *Str. Kogălniceanu 1*

FRANZISKANERKLOSTER
(MĂNĂSTIREA FRANCISCANILOR)
Dieses Gebäude des 15. Jhs. mit Elementen von Gotik und Renaissance beherbergt heute eine Musikschule. Besonders sehenswert ist das gotische Refektorium. *Piața Muzeului*

KUNSTMUSEUM
(MUZEUL NAȚIONAL DE ARTĂ)
Rumänische Malerei des 19. und des frühen 20. Jhs., aber auch italienische, niederländische und flämische Meister, Ikonen, Möbel und alte Waffen zeigt das Museum im barocken Palais. *Mi–So 9–17 Uhr | Piața Unirii 30*

MICHAELSKIRCHE
In der gotischen Hallenkirche wurden viele siebenbürgische Fürsten gekrönt. Sehr wertvoll sind die Schleynig-Kapelle mit Malereien des frühen 15. Jhs. und die barocke Kanzel. Der Turm der Michaelskirche ist das höchste Bauwerk der Stadt. *Piața Unirii*

REFORMIERTE KIRCHE
Die gotische Kathedrale aus dem 15. Jh. stiftete der ungarische König Matthias Corvinus. Sehenswert ist u. a. eine geschnitzte Kanzel aus dem Jahr 1646. Vor der Kirche steht eine Statue des hl. Georg von 1373. *Str. Gh. Doja 1*

REITERSTANDBILD
Mächtig, umgeben von riesigen Kriegern, steht Ungarns König Matthias Corvinus am Südportal der Michaelskirche. Im

CLUJ-NAPOCA (KLAUSENBURG)

Jahr 1902 errichtet, dokumentiert das wuchtige Standbild den kulturellen Anspruch der Ungarn auf diesen Landstrich.

ESSEN & TRINKEN

CASA PIRATILOR
Deftige siebenbürgische Küche bietet dieses Lokal im verwegenen Piratendekor. *Str. Răvașului 16 | Tel. 0740 48 66 36 | www.casapiratilor.ro | €*

CHIOS
Piekfein geht es zu in dem hübschen Belle-Epoque-Bau am Stadtparksee von Cluj-Napoca. Sie speisen hier international, bei den Desserts allerdings dominieren die traditionellen Pfannkuchen. *Parcul Principal | Tel. 0264 59 63 95 | www.chios.ro | €€€*

HUBERTUS
Lust auf Jägerlatein? Rumänische Küche wird in diesem Restaurant in lustigen Arrangements in rustikalem Jagddekor serviert. *Bd. 21. Decembrie 1989 22 | Tel. 0264 59 67 43 | www.hubertus.ro | €*

AM ABEND

INSOMNIA
„Schlaflosigkeit" bedeutet der Name dieses Lokals. Und er ist Programm, denn dies ist in der Tat ein Ort für Nachtschwärmer. In der von jungen Designern gestalteten Kneipe gibt es fast jeden Abend Livemusik unterschiedlicher Stilrichtungen. *Str. Universității*

ÜBERNACHTEN

FULLTON
In diesem Haus sind Sie direkt im Geschehen in einer kleinen Altstadtgasse. Komfortable Zimmer, **INSIDER TIPP** manche mit Himmelbett. *19 Zi. | Str. Sextil Pușcariu | Tel. 0264 59 77 66 | www.fullton.ro | €€*

Keine Frage, wer hier der Boss ist: Ungarnkönig Matthias Corvinus und seine Männer

MELODY CENTRAL

Der Altbau steht am zentralen Platz. Die komfortablen Zimmer sind recht preiswert. *26 Zi. | Piața Unirii 29 | Tel. 0264 59 74 65 | www.centralmelody.com | €€*

PENSION CITY CENTRAL

Klein, fein und bei allem Komfort relativ günstig ist diese Pension. Sie residiert in einem Neubau, liegt aber in der Altstadt, zehn Gehminuten vom Opernplatz entfernt. *34 Zi. | Str. Victor Babeș 13 | Tel. 0264 43 99 59 | €€€*

AUSKUNFT

UNITA TOUR

Piața Unirii 10 | Tel. 0264 59 11 14

ZIELE IN DER UMGEBUNG

BISTRIȚA (BISTRITZ) (129 F3) (*∅ G2*)

Die hübsche k.u.k.-Kleinstadt (87 000 Ew.) war früher ein Zentrum für Handel und Handwerk. Heute locken der Rundbogen-Laubengang auf der winkligen Hauptstraße und die spätgotische Kirche aus dem 16. Jh. Die Orgel ist 500 Jahre alt. Die Kirche ist nicht ständig geöffnet. Pfarramtsmitarbeiter schließen aber gern auf. 2009 brannte der 🌿 Turm der evangelischen Kirche komplett aus. Dank einer Spendenaktion konnte er wieder aufgebaut werden, Sie fahren nun mit einem Aufzug nach oben. *100 km nordöstl.*

HUNEDOARA (EISENMARKT) (133 D2) (*∅ F4*)

Am Westende Siebenbürgens, etwa 170 km südwestlich von Cluj, liegt die Stadt (71 000 Ew.), deren Leben zeitweilig von einer Eisenhütte bestimmt wurde, daher der deutsche Name. Auf einer Anhöhe thront das ● *Hunyadi-Schloss (Mo 9–15, Di–So Nov.–Feb. 9–16, März/April, Sept./Okt. 9–17, Mai–Aug. 9–18 Uhr | www.*

castelulcorvinilor.ro). 2002 wurde in dem Anwesen der TV-Film „48 Stunden Angst" gedreht. Dafür geworben wurde mit der – falschen – Behauptung, es handle sich um das echte Schloss des Grafen Dracula. Tatsächlich steht die Burg aus dem 14. Jh. auf den Ruinen einer römischen Festung. König Sigismund von Luxemburg schenkte sie dem Adligen Voicu de Hunedoara. Dessen Nachkommen bauten sie in ein ansehnliches Schloss um, das heute peu à peu restauriert wird.

SĂVĂDISLA (129 D4) (*∅ F3*)

Ins Grüne gucken und dabei schlemmen können Sie in Săvădisla, einem verträumten Dorf bei Cluj. Vorbei an saftigen grünen Feldern landen Sie in **INSIDER TIPP** *Tamás' Bistro (Tel. 0264 37 46 00 | www.tamasbistro.ro | €)*. Dort sitzen Sie in alten Kutschen und essen Ungarisch-Deftiges. Der Chef István Tamás organisiert nach Absprache für seine Gäste auch Ausflüge mit Pferdewagen einschließlich Grillpicknicks mit Volksmusik live. Er schließt außerdem das neue *Heimatmuseum* auf, dem die Bauern aus der Region die Gerätschaften ihrer Urgroßväter stifteten. Rustikal speisen können Sie außerdem in zwei weiteren Restaurants, bei *Csáni* oder bei *Csilla (€)*. Zum Übernachten bietet Tamás auch 15 Pensionszimmer *(€)*. *22 km südwestl.*

TURDA (THORENBURG) (129 E4) (*∅ G3*)

Schon 1075 wird der Ort (50 000 Ew.) als erster siebenbürgischer in einer Urkunde erwähnt – wegen seiner Salzvorkommen. Noch heute ist die besondere Attraktion Turdas, 32 km südöstlich von Cluj, das eindrucksvolle Salzbergwerk, das zu Zeiten Maria Theresias ausgebaut wurde. Bis 1832 wurde hier das weiße Gold gewonnen. Inzwischen hat sich das Bergwerk zu einem Touristenmagneten unter Tage gemausert. Sie betreten die **INSIDER TIPP** Saline *(tgl. 9–17, letzter Einlass 15 Uhr | Str. Salinelor 54 B | www.salinaturda.eu)* mit k.u.k.-Flair durch die 1 km lange *Franz-Josef-Galerie.* Wer nicht zu Fuß gehen mag, nimmt den 🌿 Panoramaaufzug hinunter zum 112 m in der Tiefe gelegenen See in der ehemaligen *Terezia-Mine.* Dort können Sie Ruderboote mieten, Minigolf- und Minibowling spielen; es gibt ein Amphitheater mit 180 Plätzen, einen Kinderspielplatz mit Karussell sowie einen Kurbereich in der ehemaligen *Ghizela-Mine.* Wissenswertes über den Salzstock und die Geschichte des Salzbaus erfahren Sie im *Museum* der Saline. Im Bergwerk beträgt die Temperatur ca. 10 Grad Celsius; Besucher können sich deshalb höchstens 1,5 Std. dort aufhalten.

SIBIU (HERMANNSTADT)

(133 E2) *(🗺 G4)* **Die uralten Torbogen und Gassen in Hermannstadt sind derart verwinkelt und verschachtelt, dass sie wie ein kubistisches Gemälde wirken.**

CITY WOHIN ZUERST?
Großer Ring (Piața Mare):
Bester Ausgangspunkt um die Altstadt zu Fuß zu besichtigen. Hier stehen der Rathausturm und das Brukenthalpalais. Parkplätze gibt es an der *Str. Mitropoliei* und auf der *Piața Mică.* Vom Hauptbahnhof aus ist der Große Ring zu Fuß in zehn Minuten zu erreichen. Unter dem Turm der römisch-katholischen Kirche hindurch führt ein Durchgang auf den *Kleinen Ring (Piața Mică)* und über die Lügenbrücke auf den *Huetplatz.*

2007 war Sibiu (170 000 Ew.) Kulturhauptstadt Europas. Aus diesem Anlass wurden Teile der Altstadt renoviert, die zum Weltkulturerbe der Unesco gehört. Aber es bleibt noch viel zu tun.

1223 erstmals urkundlich erwähnt, birgt Sibiu die mächtigsten Wehranlagen ganz Siebenbürgens. Bis zum Zweiten Weltkrieg blühten dort sowohl Maschinenbau als auch Leichtindustrie. Nach dem dramatischen wirtschaftlichen Niedergang während des Kommunismus erlebt die Stadt jetzt einen rasanten Aufschwung.

SEHENSWERTES

ALTES RATHAUS (CASA ALTEMBERGER)
Wegen des spitzen gotischen Turms wirkt das Gebäude wie eine Kirche, doch das täuscht. Fast 500 Jahre war es das Rathaus, heute beherbergt es das Historische Museum. In die Spätgotik mischen sich Elemente der italienischen Renaissance. Der 🌿 gedeckte Turm ist ein guter und besonders bei Regen beliebter Aussichtspunkt. *Di–So 9–17 Uhr | Str. Al. Odobescu 2*

BRUKENTHAL-MUSEUM (MUZEUL BRUKENTHAL) ★
Der barocke Palast des siebenbürgischen Gouverneurs und Kunstsammlers Baron Samuel von Brukenthal (1721–1803) ist das älteste Museum Rumäniens. Unter den 900 000 Exponaten sind Werke von bekannten Künstlern wie Rubens, Breughel und van Dyck. Außerdem enthält die Sammlung Drucke sowie die 200 000 Bände umfassende Bibliothek des Barons mit wertvollen Exemplaren aus dem 15. und 16. Jh. *Di–So 10–17 Uhr | Piața Mare 4*

DEUTSCHES GYMNASIUM
Sehenswert ist die barocke Aula in diesem Gebäude aus dem 18. Jh., das den Namen des sächsischen Barons Samuel

Mächtige Gotik: Sibius Evangelische Stadtpfarrkirche wirkt ausgesprochen wuchtig

von Brukenthal trägt. *Piața Huet | gegenüber der evangelischen Stadtpfarrkirche*

EVANGELISCHE STADTPFARRKIRCHE

Als wäre sie wie ein Baum mit dem Boden verwachsen steht die dreischiffige gotische Kirche da, etwas zu wuchtig für den engen Platz. Zwischen 1322 und 1520 wurde sie erbaut. Sehenswert sind das Kreuzigungsfresko und das bronzene Taufbecken aus dem 15. Jh. sowie die zwei Flügelaltäre (16. u. 17. Jh.). *Piața Huet*

HALLER-HAUS

Sein Namensgeber und zeitweiliger Besitzer, der Königsrichter und Bürgermeister Peter Haller, baute das zunächst gotische Gebäude mit Patrizierturm 1537 im Renaissancestil um, sichtbar am Portal und an den Fensterrahmen. Im Erdgeschoss gibt es ein nettes Café. *Piața Mare 10*

LÜGENBRÜCKE ★

Die kleine gusseiserne Brücke an der *Piața Mica* aus dem Jahr 1859 soll – einem Aberglauben zufolge – einstürzen, falls ein Lügner sie betritt. Sie führt noch immer über einen alten Burggraben zur evangelischen Stadtpfarrkirche.

STADTBEFESTIGUNG

Nur noch Teile der alten Stadtmauer und fünf der 500 Jahre alten Türme sind vorhanden. Sie tragen die Namen der Zünfte, die sie gebaut haben: Armbruster-, Töpfer-, Schmiede-, Lederer- und Zimmermannsturm.

VOLKSKUNDE-FREILICHTMUSEUM (MUZEUL ASTRA)

In der zauberhaften Anlage im idyllischen Stadtwald Dumbrava werden 340 alte Bauernhöfe und Mühlen gezeigt. Integriert ist auch eine zünftige Gaststätte. *4 km außerhalb Richtung Südwesten*

ESSEN & TRINKEN

INSIDER TIPP ▶ ALT HERMANNSTADT (SIBIUL VECHI)

In diesem besonderen Lokal tragen die Kellner rumänische Bauerntracht, und

SIBIU (HERMANNSTADT)

auf den Teller kommt deftige Bauernküche, manchmal begleitet von Livemusik. Probieren Sie hier die Spezialität ● *Schäfers Brotsack* (*traista ciobanului*). *Str. Al. Papiu Ilarian 3 | Tel. 0269 21 04 61 | www. sibiulvechi.ro | €€*

INSIDER TIPP **CÎRCIUMA DIN BATRÂNI**

Uriges Gasthaus in einem alten Bauernhaus im Freilichtmuseum Astra. Man isst deftig Siebenbürgisches. *Tel. 0269 24 22 67 | €*

CRAMA ILEANA

Im Weinkeller am Rand der Altstadt Sibius speisen Sie nach rumänischer Hirtentradition. Hier wird der Maisbrei *mămăligă* noch in saurer Sahne gekocht. Sie sitzen auf Wolldecken, umgeben von mächtigen Hirtenpelzen an den Wänden. *Piața Teatrului 2 | Tel. 0269 43 43 43 | www.cramaileana.ro | €€*

PARDON

Das Café-Atelier und Bistro mit Retro-Charme hat eine Terrasse mit Blick auf drei der fünf erhaltenen Wehrtürme der früheren Verteidigungsanlage Sibius. *Cetății 14 | Tel. 0747 77 72 22*

WEINKELLER IM BUSSWINKEL

Die Altstadtkneipe führt tatsächlich diesen Namen, denn der Manager ist ein Deutscher, der rumänische Weinkultur vermittelt. Es gibt wenige, aber ständig wechselnde deftige Gerichte, auch Vegetarisches. *Str. Turnului 2 | Tel. 0269 21 03 19 | www.weinkeller.ro | €*

EINKAUFEN

MÄRKTE

Auf dem von Stadt und evangelischer Kirchengemeinde organisierten ● ☺ *Biobauernmarkt* auf dem Huetplatz bekommen Selbstversorger jeden Frei-

tag zwischen 9 und 16 Uhr Fleisch- und Milchprodukte, Obst, Gemüse, Honig, Brot und viele andere Bioprodukte. Hier wird übrigens auch die süße siebenbürgische Spezialität INSIDER TIPP *Hanklich* verkauft. Einen ☺ *Markt* mit Produkten aus biologischem Anbau veranstaltet im Sommer auch das Freilichtmuseum regelmäßig.

ÜBERNACHTEN

HILTON

5-Sterne-Hotel mit Spa-Bereich, geräumigen Zimmern und Appartements sowie Restaurants. *115 Zi. | Str. Pădurea Dumbrava 1 | Tel. 0269 50 56 00 | www3. hilton.com | €€€*

IMPĂRATUL ROMANILOR

Früher wurde das schon seit dem Jahr 1733 betriebene Hotel in der Altstadt „Römischer Kaiser" genannt. Heute hat das Traditionshaus mit der pompösen Lobby Patina und wirkt leicht überteuert. Mit Schwimmbad und Sauna. *82 Zi. | Str. Nicolae Bălcescu 4 | Tel. 0269 216 500 | sibiu.imparatulromanilor.ro | €€*

PENSIUNEA HERMANNSTADT

Klein, aber fein: Die Pension mit Restaurant liegt nahe dem Bahnhof. *10 Zi. | Str. Blănarilor 13 | Tel. 0269 21 23 40 | www. pensiuneahermannstadt-sibiu.ro | €€*

AUSKUNFT

TOURISTEN-INFORMATIONSBÜRO

Im Parterre des Rathauses, Eingang vom Großen Ring aus | Tel. 0269 20 89 13

KULTOURS

Private Auskunftsagentur, organisiert auch thematische Stadtführungen. *In der Pension Casa Luxemburg | Piața Mică 16 | Tel. 0269 21 68 54*

Die Wertvollste: Siebenbürgens größter Schatz ist die mächtige Kirchenburg von Birthälm

ZIELE IN DER UMGEBUNG

AVRIG (FRECK) (129 F6) (⌖ G4)

Den verblassten Glanz siebenbürgisch-sächsischer Kultur können Sie in der Orangerie aufspüren, die der einstige Gouverneur, Aufklärer und Gelehrte Baron Samuel von Brukenthal *(www. brukenthal.org)* zur Zucht exotischer Früchte in Freck erbauen ließ. Heute blättert der Putz vom Gebäude des 18. Jhs. und der prächtige Park ist etwas verwildert. Die Orangerie gehört inzwischen der evangelischen Kirche, die hier ein paar Zimmer an Touristen vermietet *(Buchung über das Stadtpfarramt in Sibiu | Tel. 0269 21 31 41)*. 20 km östl.

BIERTAN (BIRTHÄLM) ⭐
(133 F1) (⌖ G4)

Wie Küken um die Glucke scharen sich die Bauernhäuser von Birthälm, 80 km nordöstlich von Hermannstadt, um die mächtige ● Kirchenburg aus dem 15. Jh. Sie ist die wertvollste Siebenbürgens. Die Tür der Sakristei besitzt 22 Riegel, die alle zugleich mit einer einzigen Schlüsseldre-

hung bewegt werden – ein Technikkunstwerk des Mittelalters.

In 6 km Entfernung ist *Richiş (Reichesdorf)* einen Abstecher wert. Der Name erinnert an den einstigen Wohlstand des Orts; der Weinanbau war der Grund dafür, wurde allerdings während der kommunistischen Zeit stark vernachlässigt. Die Kirchenburg ist ein Juwel volkstümlicher Architektur; der Kurator Johann Schaas erzählt gern und humorvoll aus der Geschichte des Orts. Im ehemaligen evangelischen Pfarrhaus hat Familie Timmerman aus den Niederlanden ein schönes Gästehaus mit guter Küche eingerichtet – ● *La Curtea Richvini (6 Zi. | Tel. 0269 25 84 75 | www.lacurtearichis.eu | €)*.

INSIDER TIPP CISNĂDIOARA
(MICHELSBERG) (129 E6) (⌖ G4)

Dieses urige sächsische Dorf dicht bei Sibiu ist ideal zum Entspannen. Am Dorfende beginnt der Silberbach, der auf Kieselsteinen mitten durch einen Wald hüpft. An dem knöchelseichten, idyllischen Rinnsal haben Kinder ihre Freude. Wahrzeichen und beliebter

Schässburg: In Draculas angeblichem
Geburtshaus können Sie heute speisen

Treffpunkt ist der „halbe Stein", ein
Felsen-Naturdenkmal am Bachufer. Er
heißt so, weil er wie abgeschnitten wirkt.
Herumklettern können Sie auch auf der
mittelalterlichen Michelsberger Burg.
Zum Wohnen gibt es immer mehr Pensionen. In Michelsberg haben Sie auch
Gelegenheit, **INSIDER TIPP** *Hanklich* zu
probieren, diese süße Festtagsspeise, die
den Spitznamen *siebenbürgische Pizza*
trägt. Sie wird im Juli und August jeden
Sonntag im Rahmen der sommerlichen
Konzertreihe *Michelsberger Spaziergänge
(17 Uhr | in der Dorfkirche | michelsberger-
spaziergaenge.evang.ro)* jeweils nach

den Musikveranstaltungen im Pfarrhof
gereicht. *5 km südwestl.*

MEDIAŞ (MEDIASCH) (133 E1) (⊞ G4)
Mitten in Weinhügeln versinkt die poe-
tische, verschlafene Kleinstadt, ein Sibiu
in Kleinformat (50 000 Ew.). Im Zentrum
steht eine Wehrburg mit gotischer Kirche
und prächtigem holzgeschnitztem Altar.
Man schlendert durch Torbögen, Gassen
und Winkel. *55 km nordöstl.*

PĂLTINIŞ (HOHE RINNE)
(133 E2) (⊞ G4)
Der höchste Luftkurort Rumäniens
(1450 m) ist ein beliebter Ausgangspunkt
für Wanderungen im Cibin-Gebirge und
für Skisport. Die Pisten in 1200 m Höhe
eignen sich für Könner. *30 km südwestl.*

SIBIEL ★ (133 E2) (⊞ G4)
In Sibiel lockt die größte Ikonensammlung des Landes in einem eigenen kleinen *Museum (tgl. 9–17 Uhr)* auf dem Hof
der orthodoxen Dorfkirche. Die Ikonen
– naive Darstellungen von Bibelszenen,
die anonyme Bauern hinter Glas gemalt
haben – stammen v. a. aus dem 18. und
19. Jh. Besonders interessant sind jene
aus der unmittelbaren Region. Sie sind
daran zu erkennen, dass auch ihr Holzrah-
men bemalt ist. In Sibiel haben niemals
Siebenbürger Sachsen gelebt, die Dorf-
kultur ist rein rumänisch. Der liebliche
Ort ist auch ein idealer Ausgangspunkt
für leichte Wanderungen. Am Kirchhoftor
sind Schilder mit Adressen von Pensionen
angebracht, Sie können aber auch unter
www.sibiel.ro vorbestellen. *20 km westl.*

SIGHIŞOARA (SCHÄSSBURG) ★
(129 F5) (⊞ G4)
Wer schon von Hermannstadt verzaubert
war, erlebt hier eine Steigerung. Die mit-
telalterliche Puppenstube (32 000 Ew.)
fächert sich an einem Berg auf, umge-

ben von einer Wehranlage aus dem 12./13. Jh. Wahrzeichen ist der 64 m hohe, wuchtige 🌿 *Stundturm*, der auch als Aussichtspunkt bestiegen werden kann. Figuren im Turmuhrwerk zeigen die Stunden und Wochentage an. Das *Museum (tgl. 9–16 Uhr)* im Burginneren beherbergt Exponate zur Stadtgeschichte und Teile der Apotheke des Meisters Andreas Bertram (1636). Die *Bergkirche* von 1345 mit dem verträumten Friedhof erreicht man über die 175 Stufen der *Schülertreppe*. Jährlich im August gibt es ein Kulturfestival mit Gauklern, Hexen- und Vampirshows. Schässburg bekennt sich zum Draculamythos *(S. 19)*, denn das reale Vorbild des Blutsaugers, Fürst Vlad Țepeș, wurde dort geboren. Ob sein Geburtshaus tatsächlich das Vlad-Dracul-Haus (heute ein Restaurant) war, ist aber nicht erwiesen. *90 km nordöstl.*

SZEKLERLAND (HARGHITA UND COVASNA)

(130 A–B 4–6) (*[]* H–J 3–4)

Etwa 100 km östlich von Sibiu zieht sich von Nord nach Süd das sogenannte Szeklerland. Szekler nennen sich die hier seit Jahrhunderten lebenden Ungarn. In den Kreisen Harghita und Covasna stellen sie mehr als 75 Prozent der Bevölkerung. Als Urlaubsgebiet ist die Region in Ostsieben-bürgen für Kenner kein Geheimnis mehr. Früher fuhr man gern in die Harghita, wenn man ganz sicher sein wollte, in aller Abgeschiedenheit wandern, schlemmen oder einfach nur ausruhen zu können. Für einen Badeurlaub bietet sich der Ort ● INSIDER TIPP ▶ *Sovata* nordwestlich der Harghita an, der schon seit 1884 als Kurort bekannt ist. Durch Einstürze im Bereich eines Salzstocks hatten sich hier Mitte des 19. Jhs. zum Teil riesige Seen gebildet. Der größte von ihnen, der bis zu 18 m tiefe *Lacul Ursu (Bärensee | www.laculursu.ro)*, erstreckt sich einem Bärenfell gleich über 40 ha. Im Kreis Covasna bei Reci liegen neben einem unter Naturschutz stehenden Birkenwald bis zu 12 m hohe große voreiszeitliche Sanddünen mitten im ansonsten fruchtbaren Landstrich.

Als Stützpunkt fürs Szeklerland bietet sich eins der INSIDER TIPP ▶ *Gästehäuser (12 Zi. | Tel. 0720 06 98 16 | www.zabola.com | €)* der Grafenfamilie Mikes in Zäbala im Kreis Covasna an; etwa das *ehemalige Zeughaus* des Anwesens oder die ● *Dobrica-Jagdhütte*. Ähnlich in Komfort und Flair ist das Gästehaus *Micloșoara (12 Zi. | Tel. 0742 20 25 86 | www.transylvaniancastle. com | €)* auf dem ehemaligen Anwesen der Grafenfamilie Kalnoky in Micloșoara. Hier werden Ihnen auch Natur- und Kulturwanderungen angeboten.

KIRCHENBURGEN

● Kirchenburgen sind Markenzeichen und Namensgeber Siebenbürgens. In fast jedem der 241 Sachsendörfer gab es eine, an die 150 sind noch erhalten, wenn auch die meisten in baufälligem Zustand. Sie wurden zum Schutz gegen immer wieder angreifende Türken und Tataren gebaut. Um die Kirchen herum errichtete man Befestigungsanlagen mit vielen Innenräumen. Die boten sämtlichen Dorfbewohnern Platz und waren mit allem ausgerüstet, was man während einer Belagerung brauchte: Schlaf-, Korn- und Speckkammern, Wasserzufuhr, unterirdische Gänge, Schießscharten und Gefängniszellen.

BUKAREST & WALACHEI

Fremde durchqueren den staubdurchwehten Landstrich südlich der Karpaten meist ohne nach links oder nach rechts zu schauen. In der Bărăgan-Steppe um Bukarest und östlich Richtung Schwarzes Meer reiht sich ein Getreidefeld an das andere.

Mit dem Ausdruck „in der tiefsten Walachei" verbinden Deutsche ein ödes und unberechenbares Niemandsland, das man besser meidet. Das Wort leitet sich vermutlich vom Begriff „welsch" her, mit dem im Deutschen früher alle romanischen Völker abwertend bezeichnet wurden. Die Rumänen selbst nennen die Gegend schlicht țara românească – „Rumänisches Land". Der Name stammt aus der Zeit vor 1859, als die Walachei ein eigenständiger Staat war, getrennt von Siebenbürgen und der Moldau. In der Walachei gaben sich die Fremdherrscher die Klinke in die Hand. Kaum hatte sich das Land Mitte des 14. Jhs. unter Fürst Basarab I. von der ungarischen Hegemonie befreit, meldeten die Türken Hoheitsansprüche an. Sie ließen zwar rumänische Fürsten regieren, verlangten aber einen materiellen Tribut. 1856 wurde die Walachei unabhängiges Fürstentum, drei Jahre später mit der Moldau vereinigt.

Für Reisende mit Sinn für Kultur gibt es in der Region einiges zu entdecken: die altrumänische Architektur, die Fürst Constantin Brâncoveanu unter westlichem Einfluss prägte, die Fürstenschlösser in Târgoviște und Curtea de Argeș, Werke des Jahrhundertbildhauers Constantin

Geliebt und zugleich gehasst – die ebenso quirlige wie geschundene Hauptstadt Rumäniens und ihr Hinterland

Brâncuși in Târgu Jiu und Rumäniens Hauptstadt Bukarest.

BUKAREST

KARTE IM HINTEREN UMSCHLAG
(134 B4) (∭ J6) Die Steppen-Metropole (2,3 Mio. Ew.), rumänisch Bucureşti, scheidet die Geister. Viele Rumänen hassen sie, aber nicht wenige lieben auch das eher raue balkanische Flair der Stadt und ihr gewisses Savoir-vivre.

CITY WOHIN ZUERST?
(U D–E3) (∭ d–e3) Universitätsplatz (Piaţa Universităţii): das Herz der Hauptstadt. Parkplätze gibt es am *N.-Bălcescu-Boulevard* oder vor dem Nationaltheater. Wer mit dem Zug anreist, nimmt vom Bahnhof aus die Metro zur Station *Universitate.* Zu Fuß sind Sie schnell in der *Str. Lipscani,* die dem kleinen Altstadtviertel seinen Namen gab.

Die frische Seite des Großstadtlebens: schattiger Biergarten in Bukarests zentralem Cişmigu-Park

Die Bukaresthasser beklagen die allgemeine Aggressivität im Umgang der Menschen untereinander. Rasende Autofahrer scheuchen Fußgänger von Zebrastreifen und parken rücksichtslos Toreinfahrten und Gehsteige zu. Dem Verkehr droht ständig der Infarkt. Abgase verpesten die Luft. Bukarestfans wiederum schätzen gerade diesen Tanz am Rand des Nervenzusammenbruchs, weil er den unverwechselbaren Humor der rumänischen Hauptstadt hervorbringt. Typische Bukarester sind schlagfertig, ein bisschen boshaft und selbstironisch.

Optisch zerfällt Bukarest in widersprüchliche Welten. Im Norden liegt das Villenviertel der Politiker und Diplomaten in gepflegtem Grün, begrenzt vom riesigen Herästräu-Park. Die Stadtmitte mit dem bunten Architekturmix ist kreuzartig durchschnitten von den lebhaften Boulevards Bălcescu, Magheru, Elisabeta und Carol. Nach Süden hin ziehen sich ungepflegte Plattenbauviertel, in denen das Gros der kleinen Beamten, der Arbeiter, Lehrer und Studenten wohnt. Mittendrin liegt das ärmliche Romaviertel Ferentari – aus Angst vor Gewalttaten traut sich nicht jeder hierher.

Zum ersten Mal erwähnt wurde der Marktflecken Bukarest im Jahr 1459. Der Ortsname geht auf einen Hirten namens *Bucur* zurück, der hier einst eine befestigte Herberge baute, einen sogenannten *han*. Die berühmteste Karawanserei, *Hanul lui Manuc*, wurde im 19 Jh. nachgebaut, ist aber derzeit wegen Umbauarbeiten nur von außen zu betrachten *(Str. Franceză 62–64)*. Die erste Blütezeit erlebte Bukarest um 1900, als die Hohenzollernkönige hier fieberhaft nach dem Vorbild des französischen Fin de Siècle zu bauen begannen. Die privaten Bauherren hatten viel Freiheit. Deshalb herrscht in einigen Vierteln eine charmante Stilvielfalt. Häuser in altrumänischem Stil mit Säulen und verzierten Rundbögen stehen neben italienisch anmutenden Villen, Gründerzeit neben Bauhaus und Art déco. Viele Gebäude jedoch wurden 1944 bei den Bombenangriffen der Alliierten zerstört, andere beim schweren

Erdbeben von 1977. Besonders verheerend aber war die Vernichtungswut Nicolae Ceaușescus in den 1980er-Jahren. Er legte drei alte Stadtviertel in Schutt und Asche, um Platz zu schaffen für seinen monströsen „Palast des Volkes". 20 Kirchen wurden dem Erdboden gleichgemacht – acht wurden durch Verschieben gerettet. Sie stehen heute eingeklemmt zwischen tristen Mietskasernen.

Mit all den Widersprüchen bietet Bukarest ein buntes, quirliges Bild. Immer mehr Lokale eröffnen, die meisten mit italienischer Küche und Design. Elegante Menschen schlendern auf den Innenstadtboulevards, an den Ecken stehen Romafrauen in bunten Röcken und verkaufen Blumen. Fast jeder spricht Englisch oder Französisch. Man bewegt sich am besten mit U-Bahn, Bussen oder Taxis fort.

SEHENSWERTES

BELLU-FRIEDHOF (O) (*💷 0*)

Ein Panoptikum des Pathos: Künstler, Politiker und reiche Familien haben hier ihre prunkvollen Grüfte mit klassizistischen Säulen und barocken Statuen. *Șoseaua Olteniței*

CEAUȘESCUS GRAB (O) (*💷 0*)

Nahe dem Haupteingang des Ghencea-Friedhofs wurden 1989 Nicolae und Elena Ceaușescu nach ihrer Hinrichtung begraben. Auf zwei schlichten Gräbern stehen die Namen, die einst Rumänien in Angst und Schrecken versetzt haben. Das Grab des Diktators trägt sowohl Kreuz als auch den kommunistischen roten Stern. Elenas Grab liegt ein paar Meter entfernt, völlig unbeachtet, denn Ceaușescus Frau war beim Volk noch verhasster als der Diktator selbst. *Bd. Ghencea*

CIȘMIGIU (U C3) (*💷 c3*)

In der kunstvollen Parkanlage im Zentrum mit französischen Hecken, Weiher, Spielplatz, Café und sprudelnder Quelle erholen sich die Bukarester. Hier treffen sich auch Freiluftschachspieler. *Zugänge Bd. Mihail Kogălniceanu und Bd. Ştirbei Vodă*

⭐ **Museum des Rumänischen Bauern**
Das preisgekrönte Museum zeigt rumänisches Landleben in unverfälschter Form → S. 64

⭐ **Parlamentspalast**
Ohne Rücksicht auf Verluste gebaut: Der monströse Palast in der Hauptstadt Bukarest zeugt noch immer von Diktatur und Menschenverachtung → S. 65

⭐ **Stavropoleos-Kirche**
Reiche Holzschnitzereien machen sie zu einem Denkmal altrumänischer Baukunst → S. 66

⭐ **Mogoșoaia-Palast**
Mit diesem Schloss prägte Fürst Brâncoveanu den nach ihm benannten Baustil → S. 70

⭐ **Brâncuși-Park**
Die Monumentalplastiken des rumänischen Bildhauers lohnen einen Abstecher nach Târgu Jiu → S. 72

⭐ **Curtea de Argeș**
In der Klosterkirche liegen Rumäniens Fürsten begraben → S. 72

⭐ **Horezu**
Ausflug zu altrumänischer Baukunst und berühmter Keramik → S. 73

MARCO POLO HIGHLIGHTS

DORFMUSEUM
(MUZEUL SATULUI) (O) (🗺 O)

Dieses beeindruckende Freilichtmuseum liegt mitten im Herăstrău-Park nördlich des Zentrums und zeigt rund 300 jahrhundertealte Bauernhäuser, Kirchen und Mühlen aus allen Teilen des Lands. Im Sommer regelmäßiger 🟢 INSIDER TIPP Markt mit Produkten aus biologischem Anbau. *Mitte März– Okt. Mo 10–18, Di–So 9–19, Nov.–Mitte März Di–So 9–17 Uhr | Zugang Șoseaua Kisseleff*

GESCHICHTSMUSEUM
(MUZEUL NAȚIONAL DE ISTORIE) (U D4) (🗺 d4)

Die ganze Geschichte Rumäniens in einem Haus. Highlight ist die Schatzkammer mit der Krönungskrone der rumänischen Königinnen und Schmuckstücken aus vorrömischer Zeit. Besonders wertvoll ist eine Sammlung gotischer Objekte aus dem 5. Jh., so die „Henne mit Küken aus Gold" *(Closca cu puii de aur)*: Dabei handelt es sich um mit Edelsteinen geschmückte Vasen, Fibeln, Ringe, Teller und Schalen aus Gold, die 1876 im Dorf Pietroasa im Karpatenknie gefunden wurden.

Kuriosität in der Steinzeitabteilung ist der „Denker von Hamangia" *(Gânditorul de la Hamangia)*. Die Tonstatuette wirkt wie eine moderne Plastik, ist aber über 6000 Jahre alt und wurde bei Cernavodă am Schwarzen Meer gefunden. *Mitte Okt.– März Mi–So 9–17, April–Mitte Okt. Mi–So 10–18 Uhr | Calea Victoriei 12*

HERĂSTRĂU-PARK (O) (🗺 O)

Mit frischem Grün auf 187 ha ist der Park am Nordrand die Lunge der Stadt. Spielplätze, zwei Seen, Ruder- und Tretbootverleih sowie Caféterrassen locken bei gutem Wetter viele Besucher an. *Șoseaua Kisseleff*

KIRCHE AM ALTEN FÜRSTENHOF
(BISERICA CURTEA VECHE) (U E4) (🗺 e4)

Das Besondere an dem Bauwerk sind die rötlichen Streifenornamente und der reliefartige Kranz aus Wellenlinien am oberen Teil der Fassade. Im Inneren sind die Wände größtenteils verrußt, doch nahe der Altarwand finden sich Fragmente von Fresken aus dem 16. Jh. Das Gotteshaus gilt als älteste Kirche in Bukarest, weil ihr Grundstein bereits im 14. Jh. gelegt wurde, und war ursprünglich Teil des alten Fürstenhofs, von dem nur noch Ruinen übrig sind. *Str. Iuliu Maniu 33*

KÖNIGSPALAST
(PALATUL REGAL) (U D3) (🗺 d3)

Der Königspalast dominiert die *Piața Revoluției* in der Stadtmitte von Bukarest. Bis zu seiner Abdankung 1947 lebte hier Rumäniens letzter König, Mihai I. Das neoklassizistische Bauwerk (1937) war ein Auftragswerk des lebenslustigen und despotischen Königs Carol II. Heute dient das Gebäude als *Nationalgalerie*. Für Besucher geöffnet ist der Thronsaal der rumänischen Könige. *Mi–So 11–19 (Mai–Sept.), 10–18 (Okt.–April) Uhr*

MUSEUM DES RUMÄNISCHEN
BAUERN (MUZEUL ȚĂRANULUI
ROMÂN) ⭐ (O) (🗺 O)

Das preisgekrönte Museum präsentiert alte Trachten, Kunsthandwerk, Werkzeug und christliche Kultgegenstände. Prachtstücke sind zwei Holzkirchen aus dem 17. und dem 18. Jh. Unbedingt zu empfehlen ist der INSIDER TIPP Museumsshop. Hier gibt es u. a. original alte Bauerntextilien, die Bäuerinnen aus dem ganzen Land immer noch aus ihren Truhen kramen und zum Museum bringen, außerdem Keramik und CDs mit unverfälschter Volksmusik. *Nov./Dez. Di–So 9–17, Jan.– Okt. Di–So 10–18 Uhr | Șoseaua Kisseleff*

MUSEUM FÜR ZEITGENÖSSISCHE KUNST (MUZEUL NAȚIONAL DE ARTĂ CONTEMPORANĂ) (U B–C5) (🗺 b–c5)

Das Museum in Ceaușescus Riesenpalast ist für Werke zeitgenössischer rumänischer Künstler vorgesehen. Die 🌿 Terrasse des Museumscafés im 4. Stock ist ein guter Aussichtspunkt. *Mi–So 10–18 Uhr | Palatul Parlamentului | Calea 13 Septembrie*

NATIONALGALERIE (MUZEUL NAȚIONAL DE ARTĂ) (U D2–3) (🗺 d2–3)

Die Nationalgalerie im früheren Königspalast zeigt die ganze Palette rumänischer Malerei vom 10. Jh. bis zur Moderne – mehr als 70 000 Exponate. Bedeutendste Namen sind die Maler Theodor Aman und Gheorghe Tăttărascu, Gründer der rumänischen Kunstakademie Ende des 19. Jhs. Zu sehen gibt es auch Kunstwerke ab dem 15. Jh. von deutschen, niederländischen, italienischen und französischen Meistern. *Mi–So 11–19 (Mai–Sept.), 10–18 Uhr (Okt.–April) | Palatul Regal | Piața Revoluției | www.mnar.arts.ro*

PALAST UND KIRCHE DES PATRIARCHEN (PATRIARHIA) (U D6) (🗺 d6)

Der auf einem Hügel gelegene Palast mit Kirche ist Sitz des Patriarchen, Oberhaupt der rumänisch-orthodoxen Kirche. Der Komplex des 17. Jhs. war zunächst ein Kloster. Die Kirche beherbergt eine prächtige vergoldete Ikonostase und eine besonders wertvolle Ikone (1665), die die Schutzheiligen Constantin und Elena darstellt. Rechts daneben steht der Wohn- und Amtspalast des Patriarchen im Brâncoveanu-Stil, links ein klassizistischer Palast. *Dealul Patriarhiei*

PARLAMENTSPALAST (PALATUL PARLAMENTULUI) ⭐ ● (U B–C5) (🗺 b–c5)

Den monströsen Palast, mit insgesamt 450 000 m² nach dem Pentagon in Washington das zweitgrößte Gebäude der Welt, ließ Diktator Ceaușescu bauen. Für viele Bukarester eine architektonische Wunde, ist er in jedem Fall wegen seiner Hässlichkeit und seiner Monumentalität sehenswert. 700 Architekten und 20 000 Arbeiter haben fünf Jahre rund um die

Noch ein Widerspruch: Im Museum für zeitgenössische Kunst hängen großformatige Ikonen

Haus des Sieges über das Volk: So wird der Parlamentspalast im Volksmund genannt

Uhr daran gearbeitet. Die mehr als 3000 Zimmer, 60 Korridore und 64 Empfangssäle sind reich mit kitschigen Marmorreliefs verziert. Die Riesenteppiche wiegen jeweils ein gutes Dutzend Tonnen. Von den Decken hängen tonnenschwere Kristallüster. Die Baukosten von 3,5 Mia. US-Dollar brachten dem Volk zusätzliches Elend. Auf einem künstlichen Hügel angelegt, dominiert der Palast eine Neubauallee im gleichen Stil. Heute sind hier Abgeordnetenhaus und zahlreiche staatliche Institutionen untergebracht. *Tgl. 10–16 Uhr, nur mit Führung | Bd. Unirii*

PLATZ DER REVOLUTION
(PIAȚA REVOLUȚIEI) (U D2) (🕮 d2)
Hier spielten sich 1989 die Höhepunkte der blutigen Wende ab. Vom Dach des früheren Gebäudes des Zentralkomitees der rumänischen KP aus den 1950er-Jahren gegenüber dem Königspalast floh das Diktatorenpaar drei Tage vor seiner Hinrichtung per Hubschrauber vor wütenden Demonstranten. Minuten zuvor

hatte Ceaușescu vom Balkon seine letzte Rede gehalten.

STAVROPOLEOS-KIRCHE
(U D4) (🕮 d4)
Mit reichen Holzschnitzereien im Neo-Brâncoveanu-Stil ist sie die schönste Kirche Bukarests im alten Kaufleuteviertel. Ihre Geschichte begann profan mit einem *han*, den der griechische Mönch Ioannikios im 18. Jh. baute. *Str. Poștei 6*

TRIUMPHBOGEN
(ARCUL DE TRIUMF) (O) (🕮 O)
Die Imitation des Pariser Arc de Triomphe wurde zum Ruhm der rumänischen Armee im Ersten Weltkrieg erbaut. *Șoseaua Kisseleff*

UNIVERSITÄTSPLATZ
(PIAȚA UNIVERSITĂȚII)
(U D–E3) (🕮 d–e3)
Der Platz vor dem klassizistischen Universitätsgebäude von 1875 ist geschichtsträchtig, weil hier im Mai 1990 Gegner

der Wenderegierung wochenlang protestierten. Die Dauerdemo wurde brutal von Horden prügelnder Bergarbeiter aufgelöst, mit Billigung des Wendepräsidenten Ion Iliescu. *Kreuzung Bd. Bălcescu und Bd. Regina Elisabeta*

ESSEN & TRINKEN

CARUL CU BERE (U D4) (*📍 d4*)

Das Bierlokal von 1875 wurde von einem polnisch-österreichischen Architekten entworfen. Das Innere prägt deutschenglische Neugotik mit Holzbalken und bunten Glasscheiben. Es gibt gute traditionelle rumänische Küche, ein Besuch empfiehlt sich allerdings schon allein wegen des Interieurs und des Biers. *Str. Stavropoleos 3–5 | Tel. 021 3 13 75 60 | €€*

LOCANTA JARIȘTEA (U C6) (*📍 c6*)

Hierher kommt man nicht einfach nur zum Essen. Nein, hier verbringt man märchenhafte Abende in verträumtem, altrumänischem Interieur und lässt gern drei bis vier Gänge auffahren. Chefin Laura probiert immer wieder neue Gerichte nach alten, vergessenen Rezepten aus und belustigt die Gäste mit ihren Auftritten in wallenden Gewändern und

BÜCHER & FILME

▶ **Rumänien** – Der Journalist Keno Verseck fasst in seinem kenntnisreichen und präzisen Überblick Geschichte, Kultur und Politik zusammen

▶ **Geschichten aus Maghrebinien** – Der Klassiker Gregor von Rezzoris ist eine Sammlung witziger, satirischer Geschichten aus einem Phantasieland, in dem Rumänienkenner deutliche Parallelen zum Karpatenland sehen

▶ **Der erste Hermannstädter war ein Räuber** – Feines, bibliophil gestaltetes Buch, das eine satirische Phantasieversion der Entstehungsgeschichte Hermannstadts erzählt. Die Autorin Johanna Letz stammt aus Sibiu

▶ **4 Monate, 3 Wochen und 2 Tage** – Im Zentrum des 2007 in Cannes mit der Goldenen Palme ausgezeichneten Films von Cristian Mungiu steht eine illegale Abtreibung während des Kommunismus in Rumänien, als Schwangerschaftsabbrüche und Verhütungsmittel streng verboten waren. Der Film beeindruckt durch seinen Realismus, der nicht belehrt, sondern einfach nur unter die Haut geht, der die Eiseskälte und den Zynismus der Diktatur spüren lässt

▶ **Tod des Herrn Lăzărescu** – Der international preisgekrönte Film von Cristi Puiu zeichnet das Sterben eines älteren Manns nach, der dem desolaten rumänischen Gesundheitswesen zum Opfer fällt (2005)

▶ **Atemschaukel** – Literaturnobelpreisträgerin Herta Müller thematisiert in ihrem Roman die Erfahrungen Oskar Pastiors während der Deportation in die Sowjetunion 1945–1949 exemplarisch für das Schicksal der Rumäniendeutschen. Die in Nitzkydorf im Banat geborene Autorin hat auch in anderen Publikationen das Leben und Überleben in einer Diktatur beschrieben, etwa in ihrem Debütband *Niederungen* (1982)

verrückten Hüten. Für die Livemusik zum Tanzen stehen Klavier und Zymbalon bereit. Regisseur Francis Ford Coppola soll sich hier während seiner Dreharbeiten in Rumänien bestens unterhalten haben. Und weil das Ganze so beliebt ist, hat man mit dem *Bistro Jariștea* (U C1) *(∅ c1)* *(Str. Henri Coandă 5 | Tel. 021 6 50 50 00 | €€€)* eine elegante, französisch inspirierte Dépendance mit leckerem Essen und guten Weinen eröffnet. *Str. George*

durch ein unscheinbares Hoftor hinein, die Gäste setzen sich drinnen an Biergartentische und essen z. B. feine Estragonsuppe mit Räucherfleisch oder Hammel mit Knoblauch. *Str. Sfinții Voievozi 13 | Tel. 0755 65 96 53 | www.papalasoni.ro | €€*

EINKAUFEN

DOROBANȚI-MARKT (0) *(∅ 0)*

Die Adresse für betuchte Bukarester, denn

Hübsche Fassaden, schmale Gassen, schöne Cafés im Lipscani-Viertel, der kleinen Altstadt

Georgescu 50–52 | Tel. 021 3 35 33 38 | Filiale Jariștea | www.jaristea.ro | €€€

INSIDER TIPP ► **PAPA LA ȘONI**
(U B1) *(∅ b1)*
Der Name dieses Lokals steht nicht draußen dran. Das ist auch gar nicht nötig, denn Șoni (sprich: Schonji) kennt jeder, weil er seinen Ruhm als Koch im Hippie-Schwarzmeerort Vama Veche *(s. S. 91)* erworben hat. Sein Bukarester Restaurant liegt in einem alten, ebenerdigen Haus mit Stuck an der Fassade. Es geht

der Markt liegt mitten in der nördlichen Innenstadt, wo die Bauern mit zahlungskräftiger Kundschaft rechnen. In der modernen Markthalle ist das Angebot sehr reichhaltig und die Preise entsprechend gepfeffert. In den Nebengassen liegen lauter Feinkostmärkte. *Piața Doboranți*

LIPSCANI-VIERTEL (U D–E4) *(∅ d–e4)*

Das älteste Händlerviertel der Stadt an der *Biserica Curtea Veche*. In den verwinkelten Straßen *Lipscani* („Leipziger"), *Blănari* („Kürschner") und *Kovaci* („Schmiede") reihen sich kleine Läden und Werkstätten aneinander. Man findet alles, was es auch in Kaufhäusern gibt, nur billiger: Kleidung und Stoffe, Lebensmittel, Schrauben und Kacheln fürs Bad. Die Lipscani-Straße heißt so, weil hier vor rund 300 Jahren deutsche Importwaren verkauft wurden. Besonders reizvoll ist das Galerienparadies *Hanul cu Tei (Str. Blănari 5–7)*. Schwere schwarze schmiedeeiserne Türen und Fensterläden zieren die von Künstlern gestalteten Geschäfte in diesem Innenhof. Hier kaufen Maler ihre Staffeleien, Leinwände und Farben. In den Galerien wird zudem zeitgenössische rumänische Kunst angeboten und allerlei für die Wohnung: originell gerahmte Spiegel, Keramik- und Kristallgefäße sowie Textilien.

AM ABEND

ATHENÄUM (ATENEUL ROMÂN)
(U D2) (*d2*)

Das Konzerthaus im neoklassizistischen Rundbau gegenüber dem früheren Königspalast bietet klassische Konzerte der rumänischen Staatsphilharmonie aus dem gängigen Repertoire. Gelegentlich gastieren auch Orchester und Solisten aus dem Ausland. *Karten nur an der Kasse von 12–19 Uhr | Str. Benjamin Franklin*

GREEN HOURS 22 (U C2) (*c2*)

In diesem Kleinkunstkeller gibt es fast jeden Abend Vorstellungen, meistens Jazzkonzerte. *Calea Victoriei 120 | Tel. 0788 45 24 85*

INSIDER TIPP ▶ LA MOTOARE/LĂPTĂRIA LUI ENACHE (U E3) (*e3*)

Origineller Treffpunkt junger Leute im 4. Stock des Nationaltheaters. Die Terrasse *La Motoare* ist nur im Sommer geöffnet. Nach 22 Uhr gibt es Konzerte und Filmvorführungen. Im Herbst und Winter sitzt man in der angrenzenden Bar *Lăptăria lui*

Enache („Enaches Molkerei") und trinkt Milch, aber auch Hochprozentiges. Konzerte, darunter Jazz, gibt es vor allem am Wochenende. Bei Redaktionsschluss war das Lokal noch wegen Restaurierungsarbeiten geschlossen. *Bd. Bălcescu 2*

LIPSCANI-VIERTEL (U D–E4) (*d–e4*)

In dem lebendigen, teilsanierten Altstadtviertel zwischen den Straßen Smârdan, Lipscani, Selari und Covaci haben junge Leute allerhand originelle Oasen in Gestalt von Cafés und Bars geschaffen. Hier würde sich eine Kneipentour anbieten, ausgehend z. B. vom *Café Arcade (Str. Smârdan 30 | www.arcade-cafe.ro)*.

ÜBERNACHTEN

EL GRECO (U E3) (*e3*)

Kuscheliges, luxuriöses Altstadtdomizil in der Nähe des Universitätsplatzes. Bisweilen stört Straßenlärm die Ruhe, wie überall in Bukarest. *20 Zi. | Str. Jean-Louis Calderon 16 | Tel. 021 315 81 31 | www.hotelelgreco.ro | €€€*

OPERA (U D4) (*d4*)

In dem modernen kleinen Neubau nahe dem Altstadtviertel Lipscani hat man höchsten Komfort und ist mitten im Geschehen. *33 Zi. | Str. Brezoianu 37 | Tel. 021 312 48 55 | www.hotelopera.ro | €€€*

TRIUMF (O) (*0*)

Das ruhige, komfortable Haus steht im grünen Diplomatenviertel unweit des Herăstrău-Parks. *95 Zi. | Şoseaua Kiseleff 12 | Tel. 021 2 22 31 72 | €€*

AUSKUNFT

REISEBÜRO ONT CARPAŢI
(U D2) (*d2*)

Bd. Magheru 7 | Tel. 021 3 14 51 60 | www.ont.ro

Vom Sockel geholt: Lenin und Co.

MOGOȘOAIA-PALAST ★
(134 B4) (🕮 J6)

Das Schloss von 1702 gilt als reinstes Beispiel für den Brâncoveanu-Stil. Typisch ist der dreimal geschwungene Arkadenbogen an Aufgängen und Terrassen, ähnlich einem Kleeblatt. Fürst Constantin Brâncoveanu selbst ließ das Schloss am idyllischen Mogoșoaia-See bauen. Im Schlosspark liegen die INSIDER TIPP **bronzenen Statuen Lenins** und des kommunistischen Regierungschefs Petru Groza. Sie wurden nach der Wende in Bukarest von ihren Sockeln geholt und in den Schlossgarten „entsorgt". *2 km nordwestl. Richtung Buftea*

SNAGOV **(134 B4) (🕮 J6)**

Auf der Klosterinsel im Snagov-See wurde angeblich Draculas Vorbild, der walachische Fürst Vlad Țepeș, begraben. Fest steht, dass Țepeș die Befestigungsanlage für das Kloster aus dem 15. Jh. errichten ließ. Hier gab es eine der ersten Druckereien Rumäniens. Lange diente das Kloster auch als Gefängnis für politische Häftlinge unterschiedlicher Regime. Sehenswert ist in der Kirche das größte zusammenhängende Bibelszenenfresko Rumäniens. *15 km nördl.*

TÂRGOVIȘTE

(134 A3) (🕮 H5) In der beschaulichen Kleinstadt (85 000 Ew.) in den Hügeln am Fuß der Karpaten hielt Fürst Vlad Țepeș („der Pfähler") einst Hof.

Vom 14. bis 16. Jh. war dies die Hauptstadt der Walachei. Vom alten Fürstenpalast sind mitten in der Stadt romantische Ruinen zu sehen. In der Militärgarnison *(rechts neben dem Bahnhofshaupteingang)* wurden Nicolae Ceaușescu und seine Frau Elena am 25. Dezember 1989 hingerichtet. Die Garnison kann man

ZIELE IN DER UMGEBUNG

INSIDER TIPP **GOLEȘTI (133 F3) (🕮 H5)**

Eins der ältesten Herrenhäuser Rumäniens, einst im Besitz der aufgeklärten, liberalen Adelsfamilie Golescu. Der bekannteste Spross war der Reiseschriftsteller Dinicu Golescu (1777–1830), der sich auch sozial engagierte. Er errichtete auf dem Anwesen die erste Dorfschule Rumäniens (1826), die man besichtigen kann. Im Haus sind die zwei Welten zu sehen, in denen Rumäniens Adel damals lebte: westeuropäisches Mobiliar und orientalische Divans. *Di–So 9–17 Uhr | 100 km nordwestl.*

nur von außen ansehen – Fotografieren ist verboten! Das Städtchen ist ein guter Ausgangspunkt für Ausflüge zu den berühmten Klöstern Horezu und Curtea de Argeș sowie zum Brâncuși-Skulpturenpark in Târgu Jiu.

SEHENSWERTES

ALTER FÜRSTENPALAST (COMPLEXUL MUZEISTIC CURTEA DOMNEASCĂ)

Zu diesem großen Museumskomplex gehören der Alte Fürstenpalast, die Fürstenkirche *(Biserica Domnească)* und das Buchdruckmuseum. Dominant am Fürstenpalast ist der alte zylindrische Wachtturm *(Turnul Chindiei)*, von dem aus die Wächter bei Sonnenuntergang das Schließen der Stadttore verkündeten. Auf den Ruinen des Palasts können Sie herumklettern und dabei die verschiedenen Bauphasen vom 14.–18. Jh. studieren. Die aus roten Ziegeln gebaute Fürstenkirche (16. Jh.) ist ein Beispiel für die Architektur der Vor-Brâncoveanu-Zeit. Sie hat schlichte Rundbögen, aber noch fehlen die typischen reichen orientalischen Ornamente. *Di–So 9–18 Uhr | Str. Justiției 3–5*

KLOSTER DEALUL

Die idyllisch auf einem Hügel am nordöstlichen Stadtrand gelegene schlanke Klosterkirche (16. Jh.) mit zwei Türmen ist im byzantinischen Stil gehalten. Schlichte Blendarkaden in zwei Etagen schmücken die Außenfassade aus geschliffenem weißen Stein, dazu abstrakte Rosettenreliefs. Hier liegt unter einer Marmorplatte mit Bronzekrone der Kopf des Fürsten Michael der Tapfere begraben, der 1600 erstmals alle drei rumänischen Fürstentümer – Walachei, Moldau und Siebenbürgen – vereinigte. *3 km außerhalb, Ausfahrt Str. Mihai Bravu*

KLOSTER STELEA

Sehenswert ist an dieser Klosterkirche von 1645 in der Stadtmitte der Stilmix. Innen glänzt eine prächtige Ikonostase im Brâncoveanu-Stil. Doch die Grundstruktur und die weiße Außenfassade sind älter – Modell stand die Kirche der Drei Hierarchen in Iași. *Str. Stelea 4*

ESSEN & TRINKEN

DON QUIJOTE

Der Name führt in die Irre: Nichts Spanisches, sondern echte rumänische Küche gibt es hier zu essen. Das gemütliche, rustikale Lokal mit dem steinernen Kamin ist das beliebteste am Ort und liegt fünf Gehminuten vom Alten Fürstenhof

LOW BUDGET

▶ Preiswerte Kunstwerke gibt es in einem Laden direkt neben der Bukarester Kunstakademie. Dort werden Werke verkauft, die Studenten als Übungen und Examensarbeiten anfertigen: Keramikgefäße, originell bedruckte oder gewebte Stoffe, Kleinplastiken und Gemälde angehender Künstler, die – wer weiß – vielleicht einmal berühmt werden *(Mo–Fr 9–15.30 Uhr | Calea Griviței 28)*.

▶ In ● Bukarest kommen Sie unter freiem Himmel mit dem Laptop draht- und kostenlos ins Internet – z. B. auf den Stufen des Nationaltheaters, am Springbrunnen des Universitätsplatzes und an einigen Stellen im Cișmigiu-Park, der demnächst komplett mit WLAN abgedeckt werden soll.

entfernt gegenüber der Hauptpost. *Str. Dr. Marinoiu 13 | €€*

ÜBERNACHTEN

DÂMBOVIȚA
Das renovierte 6-stöckige Hotel aus den 1970er-Jahren liegt angenehm am zentralen Park, wo auch die Metropolitenkirche steht. Der Alte Fürstenhof ist zu Fuß in 10 Min. zu erreichen. *90 Zi. | Bd. Libertății 1 | Tel. 0245 21 33 70 | www.hoteldambovita.ro | €€*

VALAHIA
In diesem Haus wohnen Sie mit Blick auf die alte Stelea-Kirche, ganz in der Nähe der wichtigsten Sehenswürdigkeiten. Das 5-stöckige Gebäude aus den 1980er-Jahren bietet preiswerten Basiskomfort. *108 Zi. | Bd. Libertății 7 | Tel. 0245 63 44 91 | €*

AUSKUNFT

Basisinformationen gibt es an allen Hotelrezeptionen.

ZIELE IN DER UMGEBUNG

BRÂNCUȘI-PARK ⭐ (133 D3) *(🕮 F5)*
Der berühmte Bildhauer Constantin Brâncuși wurde in der Bergbaustadt *Târgu Jiu* geboren, die mit ihren tristen Plattenbauten abschreckt. Eine Reise wert aber ist der Brâncuși-Skulpturenpark *(tgl. Mai–Dez. 6–22 Uhr, Jan.–April 7–20 Uhr | Calea Eroilor)*. Drei monumentale Objekte Brâncușis von 1937 und 1938 stehen hier in einer Achse im Abstand von mehreren Hundert Metern: das „Tor des Kusses", der „Tisch des Schweigens" sowie die „Unendliche Säule". Zwischen dem „Tor" und dem „Tisch" liegt die „Allee der Stühle". Die fast 30 m hohe „Säule" entwarf Brâncuși im Auftrag der Regierung als Denkmal für die Helden des Ersten Weltkriegs. Die Bauern der Gegend sahen in ihr ein Phallussymbol, was dem Objekt entsprechende Spitznamen einbrachte. Die Kommunisten fanden die Säule westlich-dekadent, wollten sie umstürzen, schafften es aber nicht, sie ins Wanken zu bringen. Über Brâncuși informiert eine Ausstellung im kleinen *Museum (Di–So 9–17 Uhr)* im Park. Gut übernachten können Sie in der Nähe im *Hotel Brâncuși (43 Zi. | Bd. Constantin Brâncuși 10 | Tel. 0253 21 59 81 | www.hotelbrancusi.ro | €). 200 km westl.*

CURTEA DE ARGEȘ ⭐ (133 F3) *(🕮 G5)*
Hier liegen fast alle rumänischen Könige begraben, darunter auch die Hohenzollernmonarchen. Der Ort war von 1369 bis 1418 die Hauptstadt der Walachei. Das 1521 gebaute Kloster in einem französisch gestutzten Park ist ein Paradebeispiel byzantinischer Baukunst aus der Vor-Brâncoveanu-Zeit. Kuriosität der Fürstenkirche sind zwei der vier Türme, deren Fenster nicht senkrecht stehen,

Wo sich Könige zur ewigen Ruhe betten ließen: Hügellandschaft bei Curtea de Argeș

sondern schräg. Der *Manole-Brunnen* von 1804 erinnert an den unglücklichen Baumeister des Klosters, der seine eigene Frau einmauern musste, um das Bauwerk zu vollenden.

Ein schönes Ziel für einen Spaziergang ist die Kirchenruine *Sân Nicoară* (14. Jh.) auf einem Hügel im südlichen Teil von Curtea de Argeș. *140 km nordwestl.*

HOREZU ⭐ (133 E3) (📖 G5)

Das Kloster aus dem 17. Jh. in einem Dorf am Fuß der Karpaten ist eins der schönsten Beispiele der Brâncoveanu-Baukunst und gehört zum Weltkulturerbe der Unesco. Umgeben von Festungsmauern mit einem großen Arkadeninnenhof, steht es in der welligen, grünen Landschaft. Der Ort ist zudem ein berühmtes Zentrum für handgefertigte Keramik mit ganz eigenen charakteristischen Elfenbeingrundtönen und filigranen Mustern in diskreten Erdtönen. Typisches Motiv ist der Hahn – er prangt mitten auf Tellern und Schüsseln. Die Ware ist an mehreren Verkaufsstellen zu haben. Jeden ersten Sonntag im Juni gibt es in Horezu auch einen Töpfermarkt mit Anbietern aus dem ganzen Land. *180 km nordwestl.*

TRANSALPINA-HOCHSTRASSE ● 〰️
(133 E2–3) (📖 F–G 4–5)

Von Horezu aus sind es nach Westen etwa 37 km bis nach Novaci, von wo aus die noch im Bau befindliche Hochstraße *Transalpina* (www.transalpina.biz) über die Karpaten bis hinein nach Siebenbürgen führt. Komplett fertiggestellt ist zwar nur die Teilstrecke zwischen Novaci und Rânca. Befahren können Sie die Straße dennoch – allerdings auf eigene Gefahr und möglichst nicht im Winter. Die Strecke ist asphaltiert, aber es fehlen Leitplanken und Straßenschilder. Die Römer legten einst den Weg durchs Gebirge an, König Carol II. von Rumänien ließ ihn pflastern. Den höchsten Punkt erreicht die Transalpina, die durch karge Gebirgslandschaft führt, beim *Urdele-Pass* auf 2145 m Höhe.

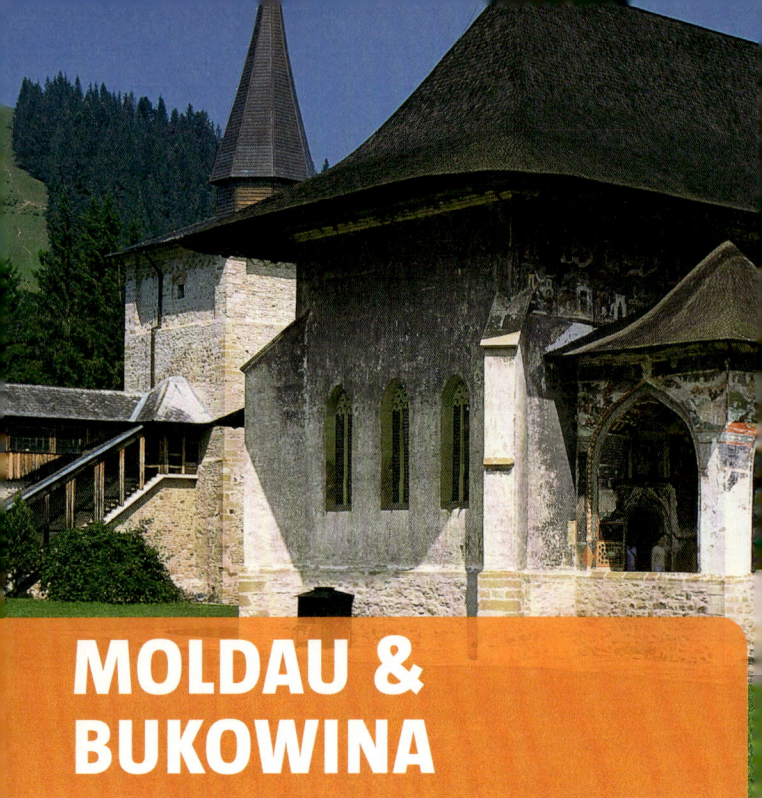

MOLDAU & BUKOWINA

Stefan der Große (1457–1504) war eher klein von Wuchs und jähzornig. Sagen jedenfalls die Chroniken. Der berühmte moldauische Fürst hinterließ der Welt lauter Kostbarkeiten, die ganz eng mit seinem Kriegshandwerk verbunden waren: Nach jeder Schlacht gegen die Türken stiftete Stefan ein Kloster – 44 insgesamt.

Diese Wunderwerke der Farbenpracht stehen nun verstreut in den grünen Hügeln der Bukowina. Ihre leuchtenden Außenfresken sind Bilder von biblischen Szenen, die einst dem leseunkundigen Volk in diesem Landstrich als eine Art „Bibel der Armen" dienten.

Zum Gebet rufen Kirchenglocken, nicht selten aber auch das **INSIDER TIPP** Stundenholz – eine meist frühabendliche Ze-remonie, die sich Besucher nicht entgehen lassen sollte: Gegen 17, 18 Uhr wird in vielen Klöstern und kleinen Dorfkirchen Holz in so raffiniertem, ansteigendem Tempo auf Holz geschlagen, dass mancher Schlagzeuger einer Rockband neidisch werden könnte.

König Stefans Reich, die Moldau und die Bukowina, zog sich einst weit in die heutigen nördlichen Nachbarländer von Rumänien, die Ukraine und Moldawien, hinein. Die rumänische Region Moldau mit ihrer Hauptstadt Iaşi liegt nahe der östlichen Landesgrenze. Nördlich der Moldau liegt die Bukowina mit der Hauptstadt Suceava. Die Bukowina hat wiederum eine separate Geschichte, da sie von 1775–1918 zum Habsburgerreich gehörte.

Bild: Kloster Suceviţa in der Bukowina

Für jede Schlacht ein Kloster:
Die prächtigen Anlagen verdanken ihre
Entstehung den Kriegen gegen die Türken

IAŞI

(131 D3) (🗺 K2) Altertümlichen, patriarchalischen Charme und gediegenes Geistesleben atmet die Universitätsstadt (347 000 Ew.) nahe der östlichen Landesgrenze.
Die Uhren ticken hier langsam, Hektik ist unbekannt. Die wichtigsten Dichter und Denker, die im 19. Jh. Rumäniens Literatur erneuerten, hatten hier ihre Debattierclubs, darunter auch National-

CITY WOHIN ZUERST?
Piața Unirii: Der Platz mit den Parkflächen liegt mitten in der moldauischen Metropole. Vom Hauptbahnhof aus fahren die Straßenbahnlinien 3, 6 und 7 zur Piața Unirii. Von dort führt die Str. Ştefan cel Mare bis zum *Kulturpalast* vorbei an historischen Bauten wie dem *Dosoftei-Haus* und schönen Kirchen wie der *Biserica Trei Ierarhi.*

Gleich vier Museen passen in den gigantischen neogotischen Kulturpalast von Iași

dichter Mihai Eminescu. Iași war auch ein bedeutendes Zentrum jüdischer Kultur mit 108 Bethäusern, dem die Nationalsozialisten ein Ende machten. 1941 war Iași Schauplatz des schlimmsten Pogroms Rumäniens: Deutsche und rumänische Soldaten trieben Tausende Juden im Hof der Polizeipräfektur zusammen und schossen in die Menge. Heute gehören zum geistigen und geografischen Zentrum das Studentenviertel am Copou-Hügel und die vielen Kirchen.

SEHENSWERTES

BOTANISCHER GARTEN

Erster und größter botanischer Garten in ganz Rumänien, gegründet 1856. Auf 100 ha sind rund 2000 Arten Bäume und Sträucher zu sehen. Das Gelände wird von Fachleuten der Alexandru-Ioan-Cuza-Universität mitbetreut. Als Besonderheit gilt die umfangreiche Chrysanthemen-Sammlung. Jedes Jahr gibt es im Spätherbst eine sehenswerte Blumenschau. Im Rosarium können Sie 600 verschiedene Rosenarten auf 1,7 ha betrachten. Wissenschaftlich besonders interessant ist die durch einen **INSIDER TIPP** ▶ grünen Korridor geschaffene Verbindung zwischen der Abteilung „Waldsteppe" des Gartens zum nächstgelegenen Naturschutzgebiet, der *Valea lui David,* wo jahrhundertealte Wiesen seltene Pflanzen- und Tierarten beherbergen. Im Angebot sind auch Kutschfahrten zur Universität und zurück *(60 Lei),* zum Kulturpalast und zurück *(240 Lei). Tgl. 9–19 Uhr (Gewächshäuser Mi geschlossen) | Str. Dumbrava Roșie 7 | www.botanica.uaic.ro (auch auf Deutsch)*

COPOU-HÜGEL

Einmal sollten Sie diesen Hügel auf dem Copou-Boulevard hinaufspazieren, um das richtige Gefühl für die gediegene Atmosphäre der Stadt zu bekommen. Es geht vorbei an der neoklassizistischen Universität, benannt nach Fürst Alexandru Ioan Cuza, an Parks, Studentenclubs und Literaturmuseen.

DOSOFTEI-HAUS

Eindrucksvoll in seiner Schlichtheit ist der Profanbau des 17. Jhs. aus nackten Ziegeln mit Arkadengang. In der Druckerei in diesem Haus im Zentrum ließ Metropolit Dosoftei die erste Kirchenliturgie in rumänischer Sprache drucken. Heute ist es ein Museum für alte moldauische Literatur. *Di–So 10–17 Uhr | Panu Anastase 54*

GROSSE SYNAGOGE (SINAGOGA MARE)

Dieses Gebäude aus dem Jahr 1671 gilt als eine der schönsten Synagogen ganz Rumäniens. Aber es verstört den Betrachter von außen durch seine merkwürdigen Proportionen. Auf relativ niedrigen Mauern liegt eine geradezu überdimensionale Dachkuppel. Der Innenraum der Großen Synagoge ist reich in leuchtendem Rot und Goldgelb sowie mit vergoldeten Holzschnitzereien dekoriert. *Str. Sinagogilor 7*

KIRCHE DER DREI HIERARCHEN (BISERICA TREI IERARHI) ★

Einzigartig an der imposanten Kirche sind die mit steinernen Reliefs verzierten Außenmauern und die beeindruckenden Portale mit gotischen Türrahmen. Das Wahrzeichen der Stadt war früher außen ganz mit Gold verkleidet. Neben der Kirche steht der sogenannte *Gotische Saal*. Das einstige Refektorium beherbergt heute wertvolle Kirchenschätze. *Tgl. 9.30–12 u. 15–17 Uhr | Bd. Ştefan cel Mare*

KLOSTER CETĂŢUIA

Das Festungskloster (17. Jh.) wurde von Fürst Gheorghe Duca gestiftet. In der Kirche sind wertvolle Fresken zu sehen. Das Kloster liegt am südlichen Stadtrand auf dem Miroslava-Hügel.

KLOSTER GALATA

Vom 1584 gebauten Kloster sind nur noch Ruinen der Mönchszellen und ein türkisches Bad übrig. Die Klosterkirche wurde 1847 wiederaufgebaut. Im Zweiten Weltkrieg diente das Kloster als Internierungslager für Kriegsgefangene beider Seiten. Die Rumänen nutzten es erst als Verbündete der Deutschen, ab 1944 als Alliierte der Sowjets. Die Gefangenen **INSIDER TIPP** ritzten ihre Namen, heute noch sichtbar, in die Klostermauern.

KULTURPALAST (PALATUL CULTURII)

Der gigantische neugotische Palast von 1907 ist der ganze Stolz der Bewohner von Iaşi und beherbergt gleich vier Museen: je eines für Kunst, Geschichte,

MARCO POLO HIGHLIGHTS

Vorsicht Engpass! Nicht überall ist die Bicaz-Klamm so schön breit und sonnig wie hier

Technik und Volkskunde. Bei Redaktionsschluss war das Gebäude allerdings noch wegen Reparaturarbeiten geschlossen. *Di–So 10–17 Uhr | Piaţa Ştefan cel Mare şi Sfânt*

METROPOLITEN-KATHEDRALE (CATEDRALA MITROPOLITANĂ)

Das Bauwerk aus dem 19. Jh. ist untypisch groß und hell, anders als die sonst kleinen und intimen orthodoxen Kirchen. Die wertvollen Innenfresken malte der rumänische Meister Gheorghe Tătărascu. Mitte Oktober treffen sich hier Tausende Gläubige zur Feier der Heiligen Paraschiva. *Bd. Ştefan cel Mare*

ESSEN & TRINKEN

INSIDER TIPP BOLTA RECE

Die Pflichtstation für jeden Fremden in Iaşi! Das rustikale Traditionshaus aus dem 18. Jh. hat einen 9 m tiefen Weinkeller mit köstlichen Tropfen. Dazu gibt es moldauische Speisen. *Str. Rece 10 | Tel. 0232 21 22 55 | €€*

INSIDER TIPP CASA LAVRIC

Im nostalgischen Ambiente der 1950er-Jahre mit Fotos, Telefonen und Schreibmaschinen jener Zeit verbringen Sie genussvolle Abende bei deftigen moldauischen Gerichten, wie geräuchertem Schaffleisch mit *burduf*-Käse und *mămăligă*. Chefin ist die in Rumänien bekannte Volksmusiksängerin Laura Lavric. Auf entsprechende Unterhaltung aber dürfen Sie nicht hoffen: In ihrem Lokal singt Laura nicht. *Str. Sf. Anastasie 21 | Tel. 0232 22 99 33 | €€*

ÜBERNACHTEN

MOLDOVA

Der modernisierte Neubau bietet akzeptablen Komfort zu moderaten Preisen. *144 Zi. | Str. Anastasie Panu 31 | Tel. 0232 26 02 40 | www.unita-turism.ro | €€*

HOTEL TRAIAN
Das schicke, gediegene Etablissement im Zentrum stammt aus der Gründerzeit. *68 Zi. | Piața Unirii 1 | Tel. 0232 26 66 66 | www.grandhoteltraian.ro | €€€*

TOURISTEN-INFORMATIONSZENTRUM
Piața Unirii 12 | Tel. 0232 26 19 90 | www. turism-iasi.ro

ZIELE IN DER UMGEBUNG

AGAPIA ⭐ (130 B3) (🗺 J2)
Der blühende Nonnenklosterkomplex am Fluss Topliţa besteht aus zwei Klöstern: *Agapia din Deal* („auf dem Berg", 16. Jh.) und *Agapia din Vale* („im Tal", 17 Jh.). Das Talkloster besitzt eine wertvolle Ikonensammlung, die Innenfresken der Kirche schuf der rumänische Meister Nicolae Grigorescu. 400 Nonnen treiben Landwirtschaft und weben bunte Teppiche für Touristen. *96 km westl.*

BICAZ-KLAMM ⭐ (130 B4) (🗺 J3)
Ein atemberaubendes Spektakel bietet diese extrem enge Passstraße nahe dem gleichnamigen Städtchen. Die 10 km lange Klamm, im Volksmund auch „Höllenschlund" genannt, ist umschlossen von mehr als 100 m hohen Felswänden, stellenweise nachtdunkel und gerade einmal 6 m breit. Sportkletterer haben diese Wände bereits entdeckt. Auf der Strecke bieten Verkäufer Kunsthandwerk an. In der Nähe liegt der 30 km lange Bicaz-Stausee. An seinem Westufer im Hafen *Port Munteanu* kann man Boote mieten. *110 km südwestl.*

CEAHLĂU-MASSIV (130 B4) (🗺 J3)
Herrliche Möglichkeiten für Wintersport und Wandern bietet der 1907 m hohe „Olymp der Moldau" westlich des Bicaz-Stausees. Den zerklüfteten Felsen umkränzt Wald an seinem Fuß. *105 km westl.*

LACUL ROȘU (130 B3–4) (🗺 J3)
Der spektakuläre „Rote See" verdankt seinen Namen einer Naturkatastrophe. 1838 stürzte durch einen Erdrutsch ein bewachsener Steilhang in den eher seichten See. Die Baumstümpfe, die aus dem Wasser ragen, verleihen dem Ganzen eine schauerliche Atmosphäre. Dazu passt das Gerücht, dass der Erdrutsch

DIE ORTHODOXIE

Orthodox bedeutet wörtlich „rechtgläubig". Orthodoxe Christen haben ein emotional-sinnliches Verhältnis zu ihrem Gott, suchen körperlichen Kontakt zu allem, was heilig ist. Die Kirchen sind eher klein, sodass man die Heiligenbilder an den Wänden berühren kann. Orthodoxe Kirchen sind in vier Bereiche gegliedert. Unter der Veranda vor dem Eingangsportal oder abseits im Hof stehen offene Kerzenhäuschen – je eines für die Toten und für die Lebenden. Der erste Kirchenraum ist der *Pronaos* mit den Gräbern der Kirchenstifter, Fürsten und Geistlichen, außerdem sind dort Verkaufsstellen für Kerzen sowie Tische für Speisen, die zu segnen sind. Im nächsten Raum, dem *Naos*, finden die geistlichen Handlungen statt. Hier stehen auch die wichtigsten Ikonen. Letzter Raum ist der Altar hinter der Ikonostase, den Frauen nicht betreten dürfen.

Wanderer mitgerissen haben soll, die den See mit ihrem Blut rot färbten. Das Gebiet zieht Wanderer und Wintersportler an. *120 km südwestl.*

PIATRA NEAMŢ (130 B4) *(ɯ J3)*

Sehenswert ist die Kleinstadt mit 126 000 Ew. vor allem wegen ihrer Lage in einem tiefen Tal, von nackten Felswän-

Noch etwa 100 Mönche leben in Neamţ, dem ältesten Kloster der Moldau

NEAMŢ (130 B3) *(ɯ J2)*

Die Keramikverzierungen an der Außenfassade machen dieses Gotteshaus einzigartig. Es ist das älteste und größte Kloster der Moldau (14. Jh.). Umschlossen von Festungsmauern, war es auch als Zufluchtsort für die Bevölkerung gedacht. Früher war Neamţ ein blühendes Zentrum zur Anfertigung von Schriften, Miniaturen, Stickereien, Silberschmiedearbeiten und Ikonenmalerei. Zeugnisse davon birgt das *Klostermuseum.* Heute wohnen rund hundert Mönche im Kloster. Man wird jederzeit hereingelassen. *100 km westl.*

den umgeben, wie hineingeworfen. Vom alten Fürstenhof stehen nur noch Ruinen. Die Kirche *Sfântu Ioan* stammt aus dem 15. Jh. Berühmt in Rumänien ist die Theatertruppe aus Piatra Neamţ. Jedes Jahr Ende Mai findet hier ein internationales Theaterfestival statt. *100 km südwestl.*

SUCEAVA

(130 B2) *(ɯ J2)* **Hier hatte der legendäre Fürst Stefan der Große seine Hauptresidenz. Ganze 40 Kirchen besaß Suceava damals.**

Die Hauptstadt der Bukowina (110 000 Ew.) liegt idyllisch in den Hügeln. Sie ist idealer Ausgangspunkt für Ausflüge zu den spektakulärsten Bukowina-Klöstern, zumal sie auch einen Flughafen hat.

SEHENSWERTES

FÜRSTENBURG (CETATEA DE SCAUN)

Nur malerische Ruinen auf einem grünen Hügel sind geblieben von der einstigen Festung aus dem 14. Jh. Gleich drei mannshohe Wehrmauern stehen feierlich und einsam in der Landschaft. Die moldauischen Fürsten ließen die Festung immer wieder erweitern und verstärken. Zum Stolz der Rumänen hielt sie 1476 den Truppen des türkischen Sultans Mehmed der Eroberer stand. *Tgl. 7–18 Uhr | Parcul Cetății*

KLOSTER SFÂNTUL IOAN CEL NOU

Ein kostbarer Schrein mit den Reliquien des Johannes Novus, Schutzpatron der Bukowina, zieht die Blicke auf sich. Prachtstück ist der Verschluss aus vergoldetem Silber, auf dem das Martyrium des Heiligen dargestellt ist. Das Kloster aus dem 16. Jh. ist Sitz des Metropoliten und des Erzbischofs. Die Außenfresken der Kirche sind etwas verblasst. *Str. Ioan Vodă 2*

MIRĂUȚI-KIRCHE

Bemerkenswert untypisch, eher wie ein Märchenschloss, wirkt diese Kirche von außen. Ganz so, als habe ein Kind seine Bauklötze nebeneinander gestellt, verschachteln sich die verschiedenen Gebäudeteile, werden gekrönt von mehreren spitzen Dächern mit bunt emaillierten Ziegeln. Man tritt durch ein schweres Rundgewölbe ein und findet sich in einem prachtvollen Dekor mit einer farbenfrohen Ikonostase wieder.

Mirăuți war die Krönungskirche aller moldauischen Fürsten. 1390 wurde sie von Fürst Petru Mușat gestiftet und im 17. Jh. nachgebaut. *Str. Mirăuți*

ESSEN & TRINKEN ÜBERNACHTEN

CLASSIC

Gegenüber der Universität liegt das kleine, feine Hotel. Das Restaurant bietet internationale Küche. *42 Zi. | Str. Universității 32 | Tel. 0230 51 00 00 | www. classic.ro | €€*

CONTINENTAL

Das moderne, große Neubauhotel mit Restaurant ist eins der wenigen am Ort. *96 Zi. | Str. Mihai Viteazul 4–6 | Tel. 0372 30 49 04 | www.continentalhotels.ro | €€€*

ZIELE IN DER UMGEBUNG

DRAGOMIRNA (130 B2) (*J2*)

Idylle und Strenge vereint diese Klosteranlage von 1609 auf einer grünen Wiese. Die ganz untypisch schlanke und hohe Kirche ist umgeben einem quadratisch angeordneten Trakt mit den Zellen der Nonnen und von außen durch hohe Mauern befestigt. In der Schatzkammer sind kostbare Handschriften, Ikonen und Miniaturen, zum Teil Werke des Klostergründers Anastasie Crimca, zu betrachten. *12 km nördl.*

HUMOR ★ (130 B2–3) (*H2*)

Aus der Ferne wirkt diese Klosterkirche aus dem Jahr 1530 eher unscheinbar, wie hingetupft in die Landschaft. Doch aus der Nähe leuchten plötzlich ihre Außenfresken mit ungewöhnlich dominierenden Rottönen auf. Die Innenfresken sind die ältesten und reichsten in der Region. *40 km westl.*

MOLDOVIȚA (130 A2) (*H2*)

Charakteristisch für das befestigte Kloster aus dem Jahr 1532 ist die Dominanz der gelben Farbe auf den Fresken. Die Motive entsprechen wie in Humor einem Kanon: Außen ist die Belagerung Konstantinopels, im Eingangsportal das Jüngste Gericht dargestellt. Im Altarraum wiederum ist das Bildnis des Klosterstifters, Fürst Petru Rareș, zu sehen. Sein kunstvoll geschnitzter Thron steht im *Klostermuseum (tgl. 10–18 Uhr)*, zusammen mit kostbaren alten Manuskripten, Stickereien und dekorativer Keramik. *75 km westl.*

PUTNA ⭐ (130 A2) (*H1*)

Dies ist das legendäre Kloster, das Fürst Stefan der Große 1466 nach seinem ersten Sieg über die Türken bauen ließ. Es wird erzählt, er habe sich nach der gewonnenen Schlacht auf einen Hügel gestellt und einen Pfeil abgeschossen. Dessen Landepunkt wurde der Baugrund für das Kloster Putna, das sich in eine kleine Senke kuschelt, umgeben von Tannenhainen. Hier wurde Stefan auch begraben.

Die Klosterkirche besitzt ausschließlich Innenfresken. Bemerkenswert sind auch die kunstvoll mit Goldfäden bestickten Vorhänge, die die Öffnungen der Ikonostase bedecken. Außen am Gebäude signalisieren barocke Arkaden die Spuren des Katholizismus, den die Habsburger dem Kloster im 16. und 17. Jh. aufgezwungen haben. Heute leben in Putna etwa noch 60 Mönche. Sie treiben Landwirtschaft und malen Ikonen. Im *Klostermuseum (tgl. 10–16 Uhr)* gibt es Miniaturen, alte Bibeln, Stickereien und Gewänder zu sehen. *66 km nordwestl.*

SUCEVIȚA ⭐ (130 B2) (*H2*)

Kurios ist an dieser Klosterkirche, dass die westliche Außenfassade keine Fresken trägt. Der Sage nach soll der Maler während der Arbeit vom Gerüst hinab in den Tod gestürzt sein. Und keiner seiner Gesellen soll gewagt haben, des Meisters Werk zu vollenden.

Sucevița (1581) gilt gemeinhin als das „Testament" der moldauischen sakralen Baukunst: Es ist das letzte Kloster, das während der Regierungszeit Fürst Stefans gebaut wurde. Bei seinen Außenfresken dominieren die Farben Grün und Rot. Im *Klostermuseum (tgl. 8–20 Uhr)* gibt es unter anderem eine goldene Kapsel mit einem Haarbüschel des Stifters Ieremia Movila zu bewundern sowie seinen bestickten Sargdeckel. *56 km westl.*

LOW BUDGET

▶ In Iași kommt man gratis drahtlos ins Internet im *Club RS (Str. Fatu 2a)*. Das Bistro liegt im Studentenviertel nahe der zentralen Bibliothek und lockt außerdem mit mexikanischer, griechischer und lokaler Küche zu akzeptablen Preisen.

▶ In der Klosterregion nächtigen Touristen sehr authentisch und am günstigsten direkt bei den Mönchen oder Nonnen. Viele orthodoxe Klöster nehmen traditionell Wanderer auf. Sie bekommen Kost und Logis gratis. Allerdings wird erwartet, dass der Gast dem Kloster eine Summe spendet. Feste Tarife für Übernachtungen (€) haben dagegen die Klöster Varatec, Sihastria, Secu und Agapia – sie bieten einfache Schlafgelegenheiten in Mehrbettzimmern. Komfortablere Gästezimmer mit eigenem Bad gibt es in den Klöstern Dragomirna und Putna *(www.putna.ro, www.dragomirna.ro)*.

VORONEȚ ⭐ (130 B3) (🗺 H2)

Mit den prächtigsten Fresken der Bukowina hat dieses Kloster die Kunstgeschichte geprägt. Die blaue Farbe der Außenfresken ist als Voronețblau ein Begriff in der internationalen Fachsprache geworden, ähnlich dem Tizianrot. Auch die anderen Farben sind hier am intensivsten. Daher gilt Voroneț, ebenfalls eine Stiftung von Stefan dem Großen, als „Sixtinische Kapelle des Ostens". Gebaut wurde die Kirche 1488, die Fresken stammen von 1547. Das Fresko an der Westseite, eine Darstellung des Jüngsten Gerichts, war zur Zeit seiner Entstehung durchaus auch ein politisches Propagandawerk. Denn die Sünder in der Hölle sind als Türken dargestellt, darunter sogar Mohammed, der Prophet des Islam. Fürst Stefan und sein Sohn Petru Rareș verstanden sich als Verteidiger der Christenheit und zeigten dies, wo sie nur konnten.

Wer nicht im Kloster schlafen möchte, der findet in der Umgebung nette Übernachtungsmöglichkeiten, etwa in der 🌿 🕐 INSIDER TIPP ▶ *Pensiunea Popasu Domnesc (11 Zi. | Oras Gura Humorului, Sat Voronet | Tel. 0745 52 71 18 | www. popasuldomnesc.ro | €€)*. Die Unterkunft liegt an einem Wald oberhalb des Klosters Voroneț in einer ruhigen Gegend. Vom Hof oder von dem Balkon ihres Zimmers aus können Sie die wunderschönen Fresken an der Außenfassade des Klosters betrachten. Die hauseigene Küche lockt mit traditionellen Gerichten aus Biozutaten. „Herzlichkeit und Tradition" lautet das Motto in der *Vila Andreea (23 Zi. | Manastirea Humorului | Str. Stefan cel Mare 159 | Tel. 0744 55 86 29 | www.pen siunebucovina.com | €)*, 8 km von Voroneț. Gastgeberin Mihaela Motoc bietet auch leckere Obstliköre (Sauerkirschen, Blau- und Walderdbeeren). Und Ihre Gäste können an einem Büfett schlemmen, was das Herz begehrt. *40 km südwestl.*

Szenen aus dem Leben Christi am Nonnenkloster Moldovița

SCHWARZES MEER & DONAUDELTA

Sonne, Wellen, Strand und eine atemberaubende Natur sind die Attraktionen der 245 km langen Schwarzmeerküste Rumäniens. Im Süden liegt das quirlige Badegebiet, im Norden das Naturparadies Donaudelta.

Die Rumänen haben die Küste jahrhundertelang eher gemieden. Denn das Meer bedeutete Gefahr – nicht nur in Form von Naturgewalten. Übers Meer kamen die Feinde und Eroberer – ausgesprochen viele in der langen Geschichte des Lands. Griechische und römische Kaufleute besiedelten die Küste vom 5. Jh. an. Ihre Spuren sind auf Ruinenfeldern zwischen Constanța und der bulgarischen Grenze zu sehen. Später nahmen Byzantiner, Genueser, Slawen, Türken und Tataren die Küste in Besitz, während

die Rumänen sich ins Landesinnere zurückzogen. Im 17. Jh. wanderten Russen ein. Sie nennen sich *lipoveni* und haben bis heute ihre eigene Kultur bewahrt.

An der Ferienküste, die sich von der Hafenstadt Constanța rund 50 km nach Süden erstreckt, verbringen die meisten Rumänen ihren Badeurlaub in kleinen Kurorten – nicht jedermanns Sache, denn der Service lässt zu wünschen übrig. An den Stränden herrscht dauernde Musikbeschallung, die bis weit aufs Meer hinaus dringt. Junge Leute wissen die Dauerpartys am Meer allerdings zu schätzen. Ihre Hochburgen sind *Costineşti* sowie die Dörfer *Vama Veche* und *2 Mai* an der bulgarischen Grenze. Das Donaudelta hingegen ist Mekka der Naturfreunde und Abenteuerurlauber.

Bild: Fischer im Donaudelta

Im Reich des Pelikans: Wo die Donau ins Meer mündet, warten Strände, seltene Tiere und grandiose Natur auf Sie

Träge ergießt sich der große Fluss nach seinem 2840 km langen Lauf ins Schwarze Meer. Seit 2005 gibt es zwar immer wieder Fälle von Vogelgrippe, doch zur Panik besteht kein Grund, Sie sollten im Delta nur kein Geflügel essen.

Bei Tulcea teilt sich der Fluss in die drei Hauptarme: *Chilia* im Norden, *Sulina* in der Mitte und *Sfântu Gheorghe* im Süden. Dazwischen liegt ein Labyrinth aus Kanälen, Seen, Sümpfen, Schilfdickicht und Wäldern. 80 Prozent des gesamten Deltagebiets von 4500 km² bestehen aus Wasser. Auf ca. 100 000 schwimmenden Schilfinseln hausen die europaweit einzigen Pelikane, außerdem Wildschweine, Füchse, Bisamratten, Reiher und Kormorane. Insgesamt sind es 1688 Pflanzen- und 3864 Tierarten, davon rund 300 Vogel- und 160 Fischsorten. Mit ihnen teilen sich gerade mal 14 500 Menschen dieses Paradies. Sie leben vom Fischfang und von der Schilfernte und wohnen verstreut in Dörfern entlang der Kanäle oder auf Inseln mitten im Sumpf. Der begradigte Donauarm

Sulina ist die wichtigste Verkehrsader, Chilia und Sfântu Gheorghe haben für große Schiffe zu viele Windungen. Für Touren ins Delta reist man am besten zunächst nach Tulcea und wendet sich gleich an die Verwaltung des Biosphä-

CONSTANȚA

(135 E4) (𝄞 L6) Die größte Hafenstadt des Lands (347 000 Ew.), in der auch die meisten Strandurlauber mit dem

Beliebter Spot für Touristen in Constanța: die Promenade am Sportboothafen

renreservats *(ARBDD)* direkt am Hafen. Dort gibt es Angel-Genehmigungen und Informationen über die jahreszeitlich wechselnden Naturschutzzonen sowie die zulässigen Motor- oder Ruderboote. Wo seltene Vögel brüten, ist der Zugang ganz gesperrt. Am Hafen kann man Boote samt Fahrer wie Taxis mieten. Ab Tulcea fahren regelmäßig Linienschnellboote zu den wichtigsten Orten im Delta, bisweilen aber nur ein- oder zweimal pro Tag. Fast alle Hotels im Delta organisieren Touren. Ausflüge ohne ortskundige Begleitung können gefährlich werden, denn die Landschaft verändert sich wegen der schwimmenden Inseln ständig. Außerdem wissen die Begleiter, wo und wann man die Tiere beobachten kann. Unbedingt mitnehmen sollten Sie Insektenschutzmittel.

Flugzeug landen, hat viele triste Mietskasernen der 1960er- und 1970er-Jahre und ist nicht unbedingt das, was man sich unter einem südosteuropäischen Seebad vorstellt.

CITY WOHIN ZUERST?
Altstadt: Constanțas ältestes Viertel drängt sich zusammen mit dem alten Leuchtturm, dem Kasino und den Ruinen der römischen Termen auf einem Felsvorsprung am Meer. Gebührenpflichtige Parkplätze gibt es im angrenzenden Touristenhafen, von dem Treppen hinauf in die Altstadt führen. Vom Bahnhof oder Flughafen aus nehmen Sie am besten ein Taxi.

Allenfalls die kleine Altstadt, die sich an die Promenade am touristischen Hafen schmiegt, atmet einen Hauch von mediterranem Flair. Wer das Meer sofort sehen möchte, macht einen Spaziergang zum Kai mit seinem alten Leuchtturm und dem Kasino. Sehenswert ist das römische Mosaik, das erst Mitte des 20. Jhs. ausgegraben wurde.

SEHENSWERTES

GENUESER LEUCHTTURM (FARUL GENOVEZ)

Den 8 m hohen Turm errichteten Genueser Baumeister im 14. Jh. Während der Türkenkriege verfiel er, bis man ihn 1858 wieder aufbaute. Heute dient er als Leuchtturm. *Str. R. Opreanu*

GRIECHISCHES RUINENFELD

Direkt am Meer, ein paar Schritte westlich des Kasinos, liegen die Fundamentreste einer griechischen Siedlung aus dem 4. und 6. Jh. *Bd. Carpați*

KASINO (CAZINO) ★

Das Gründerzeitkasino an der Hafenpromenade ist Constanțas Wahrzeichen. Erbaut wurde es 1907–1910 in französischem Neobarockstil vom rumänischen Architekten Daniel Renard. 1985 wurde es restauriert. Das Haus ist vorübergehend geschlossen.

MACHMUDIJA-MOSCHEE ●

Das 50 m hohe ❁ Minarett bietet einen guten Blick auf die Stadt, hinauf führen allerdings 140 Stufen. Rumänische Architekten bauten die Moschee 1910 in einem einzigartigen, ägyptisch-byzantinischen Stil, der auch rumänische Elemente erkennen lässt. Sie war ein Geschenk vom rumänischen König Karol I. an die muslimische Gemeinde und heißt eigentlich Carol-I.-Moschee. Das prächtige Tor ist aus schwarzem, italienischem Marmor. *Str. Arhiepiscopiei | südl. der Piața Ovidiu*

MUSEUM FÜR GESCHICHTE UND ARCHÄOLOGIE (MUZEUL NAȚIONAL DE ISTORIE ȘI ARHEOLOGIE)

In dieser Region haben einige Völker ihre Spuren hinterlassen. Das Glanzstück ist das ★ ● *Römische Mosaik* aus dem 3. Jh., das hier 1959 entdeckt wurde. Mit 700 m² ist es das größte seiner Art. Darüber steht zum Schutz eine Glas-Stahl-Konstruktion, Besucher gehen auf Stegen um den wertvollen Belag herum. *Sommer tgl. 9–20, Winter Di–So 10–18 Uhr | Piața Ovidiu*

★ **Kasino**
Der einstige Spielertempel von Constanța ist zur Zeit nur von außen zu bewundern → S. 87

★ **Römisches Mosaik**
Ein kunstvoller Bodenbelag, den die alten Römer in Constanța zurückließen → S. 87

★ **Histria**
Griechische Ruinen einer einst blühenden Stadt am Lagunensee → S. 90

★ **Caraorman**
Achtung Labyrinth: Abenteuerlicher Dschungelwald mitten im Delta → S. 93

★ **Jurilovca**
In dem malerischen Dorf direkt an der Donaumündung leben die *lipoveni* noch genauso wie vor 300 Jahren, als sie aus Russland hierher kamen → S. 94

MARCO POLO HIGHLIGHTS

OVID-STATUE

Der römische Dichter Ovid lebte unfreiwillig und unglücklich in Constanța, wohin ihn Kaiser Augustus aus politischen Gründen verbannt hatte. Hier schrieb er die Klagelieder „Tristia" und die sehnsüchtigen „Briefe aus dem Pontus". Seine Bronzestatue wirkt nicht minder traurig, blickt sie doch auf lauter hässliche Mietskasernen. *Piața Ovidiu*

LOW BUDG€T

▶ Kostenlose Unterhaltung bieten in Mamaia die Ballett- und Operettenvorstellungen unter freiem Himmel vor dem Kasino. Während der Urlaubssaison tritt dort ab 21 Uhr das Ensemble des Staatstheaters Constanța auf *(Termine unter Tel. 0241 48 03 00 oder bei Ihrer Hotelrezeption).*

▶ Eine preiswerte Leckerei für alle, die nicht groß essen gehen wollen, aber auch kein Allerwelts-Fastfood mögen: *Schuberek* – eine mit Rindfleisch oder Käse gefüllte Teigtasche, die fliegende Händler an fast allen Stränden anbieten.

▶ *Sfântu Gheorghe* liegt im Donaudelta an der Mündung des gleichnamigen Arms in das Schwarze Meer. Es ist vom Tourismus bisher kaum berührt und daher sehr günstig. Sie übernachten bei Bauern in ihren malerischen Lipovener-Häusern *(Adressen unter www.sfantu-gheorghe.ro).* Das Bad wird mit dem Rest der Familie geteilt, dafür genießen Sie aber menschenleere, jungfräuliche Strände. *Erreichbar per Schiff ab Tulcea*

RÖMISCHE STADTMAUER

Ruinen einer Mauer aus dem 3. Jh. und eines Turms (6. Jh.) zeugen im Victoriapark nördlich der Altstadt von römischer Besiedlung. *Zugänge Bd. Ferdinand/Bd. Tomis*

SEEFAHRTMUSEUM (MUZEUL MARINEI ROMÂNE)

Alte Navigationsinstrumente, Uniformen, Schiffsmodelle, Gemälde, alte Anker und Hafengerätschaften illustrieren die Geschichte der rumänischen Seefahrt. *Di–So 10–18 Uhr | Str. Traian 53*

VOLKSKUNSTMUSEUM (MUZEUL DE ARTĂ POPULARĂ)

Interessant ist das Gebäude: Maurischer Stil mischt sich mit altrumänischen Elementen. Ausgestellt ist Volkskunst: Trachten, Keramik, Teppiche. *Tgl. 9–20 Uhr | Bd. Tomis 32*

ESSEN & TRINKEN

CASA TOMIS ✺

Hier isst man anspruchslose rumänische Gerichte, freut sich aber am Blick auf den Yachthafen. *Str. Remus Opreanu 8 | Tel. 0241 61 94 86 | €*

CRAZY

Beliebtes Lokal in der Nähe des Strands *Plaja Modern*. Wie in fast allen Restaurants in Constanța gibt es hier Gerichte mit frischem Fisch. *Bd. Mircea cel Bătrăn 97 A | Tel. 0726 77 92 92 | €€*

FREIZEIT & SPORT

STRAND

Die etwa 10 ha große *Plaja Modern* ist ein bisschen heruntergekommen. *Nördl. des Touristenhafens, parallel zum Boulevard Mihai Eminescu, Zugang am Ende der Str. Ștefan cel Mare*

In Eforie Nord können Sie in aller Ruhe die Schattenseiten des Strandlebens genießen

AM ABEND

CAFÉ D'ART

Die gemütliche Bierterrasse liegt nahe der Ovid-Statue. *Bd. Tomis 97 | geöffnet bis zum letzten Gast*

ÜBERNACHTEN

COMPLEX BULEVARD

Das moderne, komfortable Hotel mit Restaurant, Bar und Fitnesseinrichtungen liegt nahe dem Delphinarium, an der Ausfahrt Richtung Mamaia. *55 Zi. | Boulevard Mamaia 294 | Tel. 0241 83 15 33 | www.complexbulevard.ro | €€–€€€*

DALI

Die Pension an der *Plaja Modern* ist Stammquartier der Geschäftsleute. Es gibt Zimmer mit und ohne Meerblick. *15 Zi. | Str. Smârdan 6 A | Tel. 0241 61 97 17 | www.hotel-dali.ro | €€–€€€*

INSIDER TIPP   HOTEL KLEYN

Das Hotel-Restaurant Kleyn, ganz in der Nähe des Delfinariums und nicht weit von Mamaia bietet außer vernünftigen Zimmern auch ein geräumiges Restaurant, in dem traditionelle Küche serviert wird. *19 Zi. | Str. Primaverii 63 A | Tel. 0241 65 66 22 | www.kleynturism.ro | €*

ZIELE IN DER UMGEBUNG

COSTINEŞTI (135 E5) (*L7*)

Der traditionelle Studentenbadeort ist voller Leben. Im Juli und August werden Film-, Theater- und Jazzfestivals veranstaltet. *30 km südl.*

EFORIE NORD (135 E5) (*L6*)

Dieser ruhige Kurort mit seinem 4 km langen Strand hat zwar eintönige Plattenbauten, bietet aber dafür eine Vielfalt von Kuranwendungen. Gut für die Gesundheit ist auch der nahe gelegene See

Techirghiol, dessen Wasser um ein Vielfaches salziger ist als das Meer. *15 km südl.*

EFORIE SUD (135 E5) *(ɰ L7)*

Der älteste Badeort an der rumänischen Schwarzmeerküste verbucht seit 1892 Gäste zur Sommerfrische. Früher trug der Ort den Namen *Carmen Sylva*, das

Bucht am Istria-See, der dicht am Meer liegt. Ihr Hafen blühte 1000 Jahre lang, verlandete aber im 7. Jh. n. Chr. und wurde verlassen. Im *Museum (Mai–Sept. tgl. 9–20, Okt.–April 9–17 Uhr)* gleich neben den Ruinen sind antike Bauteile, Amphoren, Schmuck und Keramik zu sehen. *44 km nördl.*

Was von den Römern übrig blieb: antike Keramik im Museum von Histria

Pseudonym, unter der Königin Elisabeth, Frau von König Carol I., ihre Gedichte veröffentlichte. Der Strand ist 1,5 km lang. *17 km südl.*

HISTRIA ⭐ (135 E4) *(ɰ L6)*

In diesem besonderen Freilichtmuseum liegen die Ruinen der ältesten griechischen Siedlung an der rumänischen Schwarzmeerküste. Zu sehen sind Konturen der Befestigungsmauern der Burg *Histria*, Überreste von Handelsgebäuden und Tempeln, Thermen und Wohnhäusern. Bereits 675 v. Chr. siedelten griechische See- und Kaufleute in dieser

MAMAIA (135 E4) *(ɰ L6)*

Dies ist der traditionelle Badeort für den Familienurlaub. Die vernachlässigten Hotels und der Strand lassen allerdings etwas zu wünschen übrig. Von Constanța aus kommen Sie über eine ❄ *Schwebebahn* in den Ort und können dabei das Meer von oben bewundern. Kinder kommen im *Aqua Magic* auf ihre Kosten, wo viele Rutschbahnen, Springbrunnen und mehrere Schwimmbecken locken. Das Paradies zum Planschen liegt direkt an der Ortseinfahrt von Constanța aus. Eine Kuriosität ist das Luxushotel *Iaki* (*60 Zi. | Tel. 0241 83 10 25 | www.iaki.ro |*

€€–€€€). Dessen Besitzer ist Rumäniens Fußballlegende Gheorghe Hagi aus Constanța. In der Videobar laufen Hagis beste Fußballeinsätze. Zum Fischessen lädt der *Club Histria (Vergnügungspark am Binnensee | Tel. 0241 65 40 69 | €€)* ein. *4 km nördl.*

MANGALIA (135 E5) (*M L7*)

In Mangalia geben sich Kulturen und Religionen ein Stelldichein. *Callatis* nannten die Griechen im 6. Jh. v. Chr. diese Siedlung an der Küste. Die **INSIDER TIPP** antiken Burgruinen sind heute durch eine Glasplatte am Boden im Foyer des Hotels *President* (65 Zi. | Str. Teilor 6 | Tel. 0241 75 58 61 | www.hpresident.com | €€) zu sehen. Die Luxusherberge wurde einfach auf die Ruinen gebaut.

Im *Archäologischen Museum (tgl. 8–20 Uhr | Şoseaua Constanței 23)* sind Säulen, Sarkophage, Reliefs und Keramik aus der Römerzeit ausgestellt. Interessant sind auch der türkische Friedhof mit 400 Jahre alten Grabsteinen sowie die Moschee *Esmahan Sultan* von 1525. In der *Str. Izvor* steht eine frühchristliche Kirche aus dem 6. Jh., neben ihr sprudelt die *Herkulesquelle (Izvorul Hercules)* mit schwefelhaltigem Wasser. Mehrere Sanatorien locken mit Wellnessangeboten. *43 km südl.*

MURFATLAR (135 E4) (*M L6*)

Das berühmteste und größte Weingut des Lands liegt im Städtchen *Basarabi*, das seit 2007 wieder Murfatlar heißt. Der rumänische Präsident Traian Băsescu stammt dort. In Murfatlar werden aromatische und liebliche Dessertweine der Sorten Riesling, Muscat-Ottonel, Chardonnay und Cabernet Sauvignon produziert. Der *Chardonnay de Murfatlar* wurde 1972 Weltmeister *(www.murfatlar.com)*. Weinproben gibt es für Gruppen ab 20 Personen. *18 km westl.*

NEPTUN (135 E5) (*M L7*)

Dies ist seit mehr als einem halben Jahrhundert das Seebad der Politprominenz. Ceaușescu hatte hier ebenso seine streng bewachte Villa nebst abgeschirmtem Strand wie seine Nachfolger. Mit den Satellitenorten Olimp, Venus, Jupiter und Saturn – allesamt künstliche Hotelsiedlungen der 1970er-Jahre – ist dieser Komplex fast gänzlich auf Pauschaltourismus ausgerichtet. Es gibt hier aber viele Sportmöglichkeiten: Wasserski, Tennis, Minigolf und Kegelbahnen.

Zwischen Saturn und Venus kommen Fans von Rock und House im Juli auf ihre Kosten. Dort werden vom Verein *Liberty Parade* **INSIDER TIPP** Open-Air-Partys am Strand mit rumänischen und internationalen DJs veranstaltet *(Termine bei der Hotelrezeption erfragen)*. Wer bis zum Morgengrauen durchhält, erlebt dazu noch einen traumhaften Sonnenaufgang über dem Meer. *35 km südl.*

INSIDER TIPP VAMA VECHE
(135 E5) (*M L7*)

Hier machen viele junge Leute aus der Bukarester Künstler- und Literatenszene Urlaub. Auch Rucksacktouristen fühlen sich hier am wohlsten. In dem Dorf nahe der bulgarischen Grenze und im Nachbarort *2 Mai* wird seit einem halben Jahrhundert am Strand gezeltet, und es gibt FKK-Abschnitte. Jedes Jahr findet dort das Rockfestival *Stufstock* statt, meist Ende Juli *(www.stufstock.com)*.

Heute dauern die Strandpartys mit Livemusik und Lagerfeuer den ganzen Sommer über an. Kleine Restaurants bieten gegrillten Fisch und rumänische Hausmannskost. Wer nicht zelten will, der findet bei den Dorfbewohnern in Privatzimmern Unterkunft. Man klopft einfach ans Tor und fragt nach. Inzwischen gibt es auch vereinzelte Pensionen. *50 km südl.*

TULCEA

(135 E3) *(☐ L5)* **Dies ist das Tor zum Naturparadies Donaudelta. Die an sich eher unattraktive Hafenstadt (97 000 Ew.) blickt auf eine antike Vergangenheit zurück.**

Im 8. Jh. v. Chr. kamen die Griechen hierher und nannten die Stadt *Aegyssus.* Heute ist sie ein guter Ausgangspunkt für Ausflüge und Touren in das Donaudelta; von hier aus gibt es viele Schiffsverbindungen.

ESSEN & TRINKEN ÜBERNACHTEN

HOTEL DELTA
Dieses sanierte, komfortable Haus mit eigenem Restaurant (€) und Wellnesseinrichtungen steht direkt am Hafen und organisiert auch Tagestouren ins Delta mit zwei eigenen Schiffen. *117 Zi. | Str. Isaccei 2 | Tel. 0240 51 47 20 | www.hoteldelta.eu | €€*

SELECT
Das Hotel in einem vierstöckigen Neubau ist als eins der wenigen in Rumänien auch für Rollstuhlfahrer eingerichtet. Es liegt nicht weit vom Hafen entfernt, verfügt über ein Restaurant und Fitnesseinrichtungen und organisiert auch Deltatouren. *40 Zi. | Str. Păcii 6 | Tel. 0240 50 61 80 | www.calypsosrl.ro | €€*

FREIZEIT & SPORT

DELTATOUREN
Foto-Bootstouren bietet *Chettusia Tour* unter dem Motto „Wild about wild" an. Im April und Mai können Sie den Vogelzug und die meisten der im Delta heimischen Vogelarten sehen. Dazu blühen die Seerosen. Die meisten Pelikane sind im Juli und August im Donaudelta, im September findet der Herbstzug statt. Dann beziehen Schwarzstörche und Reiher hier Winterquartier.

Unter *www.chettusia.com* finden Sie lauter verschiedene Angebote, eins auch in deutscher Sprache. Eine Tagestour ab Tulcea dauert etwa 7 Stunden und kostet 35 Euro/Person. *Mehrtägige Touren* für Vogelfreunde, für Fotografen, aber auch für ganz normale interessierte Touristen starten schon am Flughafen *Henri Coandă* in Bukarest (Transfer nach Tulcea) oder ab Tulcea und zurück. Eine andere Tour führt Sie zu mehreren *Fischerdörfern,* Kostenpunkt 75 Euro pro Person. Im Preis inbegriffen sind: Transport, Übernachtungen, Vollpension, Gebühren, Führung. Reservierungen und Auskünfte: *Mihai Baciu | Tel. 0744 22 48 97 | www.chettusia.com*

Weitere Angebote zu Birdwatching, Fotopirsch, Kanufahrten und Angeln finden Sie unter *www.ecoturismdelta.ro* und *www.tioc-reisen.ro.*

KREUZFAHRTEN ●
Das Delta lässt sich auch sehr komfortabel bei einer Kreuzfahrt erkunden. *Tioc Natur- und Studienreisen (Tel. 0369 56 17 78 | www.tioc-reisen.ro)* bietet geführte Touren im Donaudelta mit Übernachtung und Verpflegung auf Hausbooten oder in Fischerpensionen sowie Rad- und Kanutouren an. Auf Anfrage auch Transfer vom Flughafen/Bahnhof in Bukarest.

AUSKUNFT

AUTORITATEA REZERVAȚIEI BIOSFEREI DELTEI DUNĂRII (ARBDD)
Die Verwaltung des Donaudelta-Biosphärenreservats betreibt am Hafen ein Touristeninformationsbüro. *Str. Portului 34 a | Tel. 0240 51 89 24 | www.ddbra.ro*

ZIELE IN DER UMGEBUNG

BABADAG (135 E3) (*L5*)

Das alte, türkisch besiedelte Dorf hat heute etwa 10 000 Ew. Es liegt streng genommen nicht direkt im Delta, sondern am Fuß eines bewaldeten Bergrückens am Babadag-See, westlich des großen Razim-Sees. Sehenswert sind die große *Moschee* aus dem 14. Jh. (*Str. Geamiei 1*) und das *Museum für Orientalische Kunst* (Muzeul de Artă Orientală | Di–So 9–16 Uhr | Casa Panaghia) in einer früheren Koranschule. Gezeigt werden Exponate zur Geschichte der Türken; Prachtstücke sind türkische Teppiche aus dem 17. bis 19. Jh. Zum Übernachten gibt es in 4 km Entfernung den Campingplatz *Doi iepurași* („Zwei Hasen"). *36 km südl.*

CARAORMAN ⭐ (135 F3) (*M5*)

Der Dschungel Caraorman liegt etwa in der Mitte zwischen den Donauarmen Sulina und Sfântu Gheorghe. Interessant ist der gleichnamige wilde Eichenwald auf wandernden Sanddünen. Vorsicht: Der Wald ist ein Labyrinth, man kann sich verirren. Das türkische *karaorman* bedeutet „Schwarzer Wald". Schiffe hierher starten von Crișan aus. *70 km östl.*

CHILIA VECHE (135 F2) (*M5*)

Der älteste Ort im Delta direkt an der Grenze zur Ukraine ist ein nur zu Wasser

Mit 4500 km² bietet das Domaudelta genug Platz für Reiher und rund 300 andere Vogelarten

erreichbares Fischerdorf am Chilia-Arm. Daran grenzt nördlich das Naturschutzdreieck Roscoa-Buhaiova-Hrecisca mit drei großen Seen. Hier nisten Pelikane, Silberreiher und Kormorane. *70 km nordöstl.*

CRIȘAN (135 F3) (*M5*)

Von diesem Dorf am Sulina-Arm, nur per Schiff erreichbar, startet man zu den Dschungelwäldern *Letea* und *Caraorman*. Hier gibt es ein Büro der *ARBDD*

(Di–Fr 10–16, Sa–So 10–14 Uhr | beim Hotel Lebăda). Quartier und Ausflüge in der Pension *Delia (60 Zi. | Restaurant | Crişan 50 | Tel. 0240 54 70 18 | www. deltadelia.ro | €). 70 km östl.*

feuer und FKK sind verboten. Es gibt 75 Zimmer mit Basiskomfort (€€–€€€) und 77 sehr einfache Holzhütten mit je zwei Betten und Gemeinschaftsduschen (€). *90 km südöstl.*

Ihre Vorfahren fischten am Don, die *lipoveni* seit 300 Jahren im Delta der Donau

INSIDER TIPP ▶ GURA PORTIŢEI
(135 E3) *(⌘ M6)*

Der mit Abstand spektakulärste und dabei vermutlich ruhigste Badeort an der gesamten rumänischen Schwarzmeerküste; hier hören Sie nachts nichts – nur den Wellenschlag. Auf der extrem schmalen Landzunge, die nur über Sandbänke und schwimmende Inseln mit den Festland verbunden ist, gibt es ein Feriendorf. Man muss unbedingt vorab buchen, spontane Besuche sind nicht möglich.

Erreichbar ist die Halbinsel mit dem Schiff ab Jurilovca. In dem Feriendorf *Eden (Sat de Vacanţa | Tel. 0724 21 42 24 | www.guraportitei.ro)* kann man Wasserski laufen, Boote mieten und begleitete Deltaausflüge buchen. Zelten, Lager-

JURILOVCA ⭐ (135 E3) *(⌘ L6)*

In dem Fischerdorf aus dem 18. Jh. leben die *lipoveni (siehe Kasten re.)* in ihren pittoresken Häusern. Außen sind die Katen mit Holz vertäfelt, innen bunt bemalt. Hinter nahezu jedem Haus steht ein Dampfbad, das mit glühenden Steinen geheizt wird. Die altrussisch-orthodoxe Kirche in Jurilovca stammt aus dem Jahr 1871. Eins der Lipovener-Häuser ist als *Museum (tgl. 9–17 Uhr)* eingerichtet. *64 km südöstl.*

Sehenswert sind außerdem die *Burg Orgame (Arganum)* am *Cap Dolosman* und die *Bisericuţa-Insel* im *Razelm-See*. Argamum liegt etwa 6 km von Jurilovca entfernt und ist die erste Ortschaft auf dem Gebiet Rumäniens, die in einer antiken Urkunde erwähnt wurde. Zu sehen sind die Überreste der Burg. Die 360 m lange und 58 m breite *Bisericuța-Insel* ist Teil des Vogelreservats *Periteasca-Insula Bisericuței-Gura Portiței*. Hier liegen unter anderem die Nistplätze von Watvögeln und Brandgänsen. Die Insel ist zur einen Hälfte ein von Schilf bedecktes Felseneiland, die andere Hälfte nimmt ein 9 m hoher Kalksteinfelsen mit fast senkrechten Steilhängen ein. Bei archäologischen Grabungen wurden hier Spuren einer griechischen Siedlung aus dem 5.–4. Jh. v. Chr. gefunden sowie Reste aus der Römerzeit.

MILA 23 (135 F3) (*M M5*)

Interessant in diesem Fischerdorf mitten im Sumpf nördlich des Sulina-Arms, das seinen Namen nach der 23. Flussmeile erhielt, ist die so genannte *cherhana*, die Sammelstelle für frisch gefangenen Fisch. Hier geben die Fischer aus der Umgebung ihre Beute ab und trinken anschließend in der Bar nebenan ein Glas auf ihren Fang. Der Ort ist ein guter Startpunkt für Touren zu den Pelikankolonien an den Seen *Matița*, *Leghianca Roșca* und zu den schwimmenden Inseln *Stipoc* und *Chilia*. *40 km östl. nur per Schiff ab Tulcea*

INSIDER TIPP ▶ PERIPRAVA

(135 F2) (*M M5*)

Auch dieser Ort am Chilia-Arm ist ein malerisches *lipoveni*-Dorf. Unter den Kommunisten gab es hier ein berüchtigtes Straf- und Arbeitslager für politische Gefangene. Es brauchte kaum Zäune und Mauern, denn das Wasser schnitt jede Fluchtmöglichkeit ab. Heute ist Periprava ein Paradies vor allem für Vogelfreunde, die hier die große Vielfalt der im Delta heimischen Vögel beobachten können. *100 km östl. nur per Schiff ab Tulcea*

UZLINA (135 F3) (*M M5*)

Dieser Ort am Sfântu-Gheorghe-Arm ist gänzlich von Wasser umgeben und beherbergt die wohl größte Wellnessoase im ganzen Donaudelta. Besucher erreichen ihn von Murighiol aus *(36 km südöstl. von Tulcea)* per Boot. Die Mitarbeiter des *Cormoran-Hotelkomplexes (Tel. 0744 65 63 72 | www.cormoran.ro | €€)* auf Uzlina holen die Gäste aus Murighiol ab. Es gibt insgesamt 100 Zimmer in Pension und Hotel, zehn Ferienhäuser sowie ein Restaurant. Sie können reiten, Fahrräder ausleihen und natürlich Bootstouren machen. *60 km östl. nur per Schiff*

VOM DON AN DIE DONAU

Sie leben in Jurilovca, Sfântu Gheorghe oder Periprava, nennen sich *lipoveni* und sprechen russisch. Die Männer tragen sehr lange, sorgfältig gekämmte Bärte in der Tradition ihrer Vorfahren. Die flohen vor 300 Jahren vor dem russischen Zaren Peter dem Großen ins Donaudelta. Der Zar verfolgte sie, weil sie sich gegen seine prowestlichen, antikirchlichen Reformen stellten und an ihrem alt-orthodoxen Glauben festhalten wollten. Die etwa 30 000 Nachfahren der Flüchtlinge im Delta tun das bis heute in ihren knallbunt bemalten Holzkirchen.

Lipoveni leitet sich ab von dem russischen Wort für Wald *lipa*. Dort nämlich versteckten sich die Verfolgten vor dem Zaren Peter, bis sie schließlich ins Delta flohen. Die meisten von ihnen waren Fischer am Don und fühlten sich an der Schwarzmeerküste gleich heimisch.

AUSFLÜGE & TOUREN

Die Touren sind im Reiseatlas, in der Faltkarte und auf dem hinteren Umschlag grün markiert

① KIRCHEN UND FOLKLORE IN DEN APUSENI

Diese Route führt von Oradea bis Satu Mare und beträgt etwa 180 km. Sie umfahren das Gebirge durch Wälder, Täler und stille Dörfer. Planen Sie 2–3 Tage dafür ein.

Reisen Sie bei Borș aus Ungarn ein und fahren Sie ostwärts auf der Landstraße E 60. Die Stadt **Oradea → S. 36** lohnt einen halben Tag Flanieren. Im Stadtzentrum um die Piața Unirii herum und an der Piața Republicii bietet sich eine **INSIDER TIPP ▸ bezaubernde Architekturlandschaft im Fin-de-Siècle-Stil.**

Folgen Sie der Landstraße nach Cluj weiter ostwärts. Bei Aleșd verlassen Sie sie und fahren nach Norden auf der Landstraße Richtung Zalău/Satu Mare. Die Straße schlängelt sich durch sanfte Gebirgslandschaft nach **Plopiş** und **Nuşfaläu**. Dort macht sich der abendländische Einfluss an einer gotischen Kirche des 15. Jhs. und einem ungarischen Herrensitz bemerkbar. Nur 8 km weiter nördlich, im Städtchen **Şimleu Silvaniei** und Umgebung, scheinen sich Epochen und Stile ein Stelldichein gegeben zu haben. Ruinen einer von Türken und Tataren zerstörten Wehrburg des ungarischen Adelsgeschlechts Bathory aus dem Jahr 1532 gesellen sich zu einer gotischen römisch-katholischen Kirche aus gleicher Zeit. Jetzt bietet sich für eine Ruhepause ein Abstecher zum **Stausee Crasna** an, 10 km weiter südlich. Ab dem Dorf Crasna sind Spaziergänge zur Berghütte Me-

---

Bild: Blick auf Valea Viilor (Wurmloch) mit Kirchenburg

Auf Entdeckungsreise: Kulturelle Spurensuche zwischen Kirchenburgen und Holztoren, stillen Dörfern und geschäftigen Städtchen

zes oder um den See herum möglich. Im nahen Dorf **Meseşenii de Jos** steht eine gotische Kirche aus dem 16. Jh., und in **Meseşenii de Sus** gibt es Heilquellen.

Das Städtchen **Zalău** liegt zwar 12 km abseits der Route, Sie sollten es aber dennoch besuchen, denn von hier kann man einen sehr zu empfehlenden Abstecher nach **Buciumi** machen. Das Dorf ist berühmt für seine Folklore, speziell für den Bauernchor. Es liegt etwa 30 km südlich von Zalău. Am besten erleben Sie Trachten und Musik sonntags in der Kir-

che. Noch prächtiger sind die Trachten an kirchlichen Feiertagen wie Ostern oder Mariä Himmelfahrt am 15. August. In der zweiten Augusthälfte wird in Buciumi ein Dorffest mit Tanz und Chorgesang veranstaltet. Am Ende des Tages können Sie, zurück in Zalău, in einer der zwölf Pensionen übernachten, z. B. im *Hotel Meseş (Piaţa 1 Dec. 1918 11 | Tel. 0260 66 10 50 | www.hotelmeses.ro | €€)*.

Von Zalău fahren Sie weiter nach Norden Richtung Satu Mare, wo die Tour endet. Unterwegs gibt es im Dorf **Sărmăşag**

Hauptsache Holz: So typisch wie dieses Tor vor einem Bauernhaus sind für die Maramureș ...

eine Holzkirche aus dem 16. Jh. zu bewundern und, mit etwas Glück, einen traditionellen Pferdemarkt zu erleben. Im Dorf **Corund** östlich der Strecke steht eine der schönsten Holzkirchen der Region: 1723 gebaut, mit gedrechselten Ornamenten, geschmückt mit Öl-auf-Leinwand-Malereien.

2 TRACHTEN UND BRAUCHTUM IN DER MARAMUREȘ

Diese Tour, die unmittelbar an die erste anschließt, bietet einige folkloristische Höhepunkte. Von Satu Mare bis Surdești geht es auf einer Strecke von 130 km gen Osten zwischen den Gebirgsmassiven Țibleș und Gutii durch Dörfer, in denen die Bauern ihre traditionellen Trachten auch im Alltag tragen. Zeitbedarf: 1–2 Tage.

Ab **Satu Mare** fahren Sie auf der Landstraße 19 Richtung Nordosten. Erste Station ist **Săpânța**. Hier gibt es Folklore in geballter Form. Die Bauern verkaufen ihre Trachten, Teppiche und haarige Wolldecken. Bekannt sind vor allem die bestickten Frauenhemden. Jedes Jahr im Mai findet hier anlässlich des Almauftriebs ein Volksfest statt.

Das Besondere an der Architektur der Maramureș: Sie ist fast vollständig aus Holz. Kirchen, Häuser, Zäune und – besonders auffällig – die Tore: Sie wirken mit den Schnitzereien fast wie Totempfähle, die von der Geschichte des Dorfs berichten. Die Freude am Erzählen, v. a. aber der Humor der Menschen, ist auf dem **„Lustigen Friedhof" (Cimitirul Vesel)** zu erleben, dessen Grabkreuze aus Holz in heiterem Blau bemalt sind → S. 34.

Sie fahren 24 km weiter östlich entlang der rumänisch-ukrainischen Grenze nach **Sighetu Marmației** → S. 35. Das ehemalige Gefängnis ist heute Gedenkstätte für die Opfer des Kommunismus und die Widerstandskämpfer *(Mitte April–Mitte Okt. tgl. 9.30–18.30, Mitte Okt.–Mitte April Di–So 10–16 Uhr | www.memorialsighet.ro)*. Ab Sighetu Marmației sind es wenige Kilometer Richtung Süden nach **Vadul Izei**. Hier stehen die eindrucksvollsten

Holztore der Maramureș, mit ihren charakteristischen Schnitzmotiven, darunter vor allem das Sonnensymbol. Von hier aus bietet sich eine Rundfahrt an. Sie fahren über **Bârsana**, **Bogdanvodă** und **Săcel** nach **Moisei** mit einem Abstecher nach **Poienile Izei**.

Besonders bemerkenswert ist das Gotteshaus aus Holz von 1718 im Ort **Bogdanvodă** mit Innenmalereien in traditioneller Technik: Die Farbe ist auf Leinwand aufgetragen, die dann über die Holzwände gespannt wurde. Ab **Moisei** (Kloster mit Holzkirche) fahren Sie am besten über Vișeu de Sus westwärts zurück nach Vadul Izei. Von hier aus geht es zunächst gen Süden, Richtung Baia Mare, doch schon nach 8 km biegen Sie links ab und fahren bis in das 6 km entfernte **Ocna Șugatag** → **S. 34**. Weil es hier Heilquellen gibt, bieten viele Pensionen Zimmer an, z. B. *Pensiunea Holiday (20 Zi. | Str. Dumbravei 20 | Tel. 0744 51 20 76 | €)*. Ab Ocna Șugatag schlängelt sich die Straße etwa 30 km durch das Tal weiter Richtung Süden. Hier finden Sie in **Surdești** → **S. 35** die Kirche mit dem höchsten hölzernen Kirchturm Europas vor. Der Turm des Gotteshauses ragt 54 m in die Höhe, innen finden Sie schöne Malereien und kostbare Ikonen. Auf die Fernstraße Baia Mare–Sighetu Marmației gelangen Sie wieder weiter westlich von Surdești.

③ DRACULA, KIRCHENBURGEN UND SIEBENBÜRGER SACHSEN

In Siebenbürgen sollen die literarischen Vorbilder für Graf Dracula, Vlad Dracul und sein grausamer Sohn Vlad Țepeș, im 15. Jh. gelebt haben. Realere Spuren aber haben die Siebenbürger Sachsen mit ihren jetzt vom Verfall bedrohten Kirchenburgen hinterlassen. Die Fahrt ab Brașov über Sibiu und Sighișoara ist rund 350 km lang, mit Abstechern etwa weitere 70 km, und dauert 3 Tage.

Startpunkt ist **Brașov** → **S. 45**, von den Siebenbürger Sachsen Kronstadt genannt. Zuerst geht es nach **Bran** → **S. 49**, 20 km südwestlich von Brașov. Das Schloss des 14. Jhs. hatten die Sachsen gebaut und 1921 Königin Maria als Sommerresidenz geschenkt. Fürst Vlad Țepeș hielt sich dort auf der Durchreise immer wieder auf. Unbedingt zu empfehlen ist ein zweiter Abstecher zur **Kirchenburg Tartlau**, die als das beeindruckendste Exemplar dieser Art gilt. Der Ort heißt offiziell **Prejmer** → **S. 50**. Fahren Sie ab Brașov 16 km Richtung Sfîntu Gheorghe/Întorsura Buzăului. Die Kreuzkirche innerhalb der Burg von Tartlau geht auf den Deutschen Ritterorden zurück. Die runde Wehrmauer mit

... auch die Holzkirchen wie in Bârsana

ihren Wehrtürmen und Schießscharten ist etwas Besonderes: In ihrem Inneren sind auf vier Geschossen ganze 250 Kammern untergebracht, zum Wohnen und zum Horten von Nahrungsmitteln für den Fall einer Belagerung.

ersten Orte gegründet. In **Slimnic (Stolzenburg)** steht die Burg wahrhaft stolz auf einer grün bewachsenen Anhöhe, umfriedet von einer Wehrmauer, am Fuß des Hügels das gotische Pfarrhaus. Gelegenheit zum Entspannen bietet Ih-

Malerisch: Bauernhäuser schmiegen sich an den Hügel, den Biertans prächtige Kirchenburg krönt

Zurück in Brașov, beginnt die eigentliche Rundfahrt. Eine gut ausgebaute Serpentinenstraße führt nach Westen Richtung **Sibiu (Hermannstadt)** → S. 54. In **Făgăraș** steht mitten im Ort die Schlossburg Fogarasch aus dem 15. und 17. Jh. mit Museum und Gaststätte.

Von Hermannstadt aus starten Sie zur Umrundung Siebenbürgens bis nach **Sighișoara (Schässburg)** → S. 58. Sie fahren nach Norden auf der Landstraße Richtung **Mediaș** → S. 58. Jetzt befinden sie sich mitten im „Alten Land". So bezeichnen die Siebenbürger Sachsen die Senke zwischen dem nördlichen Rand der Südkarpaten und dem Beginn des Hochlands. Hier haben sie im 12. Jh. die

nen auf einem Abstecher ein Bad in dem Salzsee von **Ocna Sibiului** (ca. 20 km südwestlich). Man nannte den Ort, der durch den Einsturz eines Salzbergwerks entstanden ist, Salzburg.

Sie verlassen das Alte Land und fahren weiter über Copșa Mică Richtung Sighișoara. Bei Copșa Mică lohnt sich ein weiterer Abstecher 5 km Richtung Süden, nach **Wurmloch (Valea Viilor),** zur wuchtigen gotischen Kirche aus dem 14. Jh. mit dem ältesten Kirchenmobiliar Siebenbürgens (16. Jh.). Der ulkige Ortsname bedeutet im sächsischen Dialekt „warmes Loch". Die Sachsen nannten ihn so, weil er wegen seines milden Klimas gut für Weinanbau geeignet ist.

Durch schöne INSIDER TIPP ► Eichen- und Buchenwälder geht die Tour, bis Sie Mediaș erreichen. 4 km nördlich liegt der Kurort Bazna (*www.bazna-turism.ro*). Hier kann man in mineralhaltigem Wasser baden, Schlammpackungen nehmen oder schlicht entspannen. Die ● Kuranlage *Expro (Complex Balnear Expro | 62 Zi. | Tel. 0269 83 15 12 | www.bazna.ro | €)* besitzt drei Außenbecken (Süßwasser-, Salzwasser- und Kinderbecken), außerdem gibt es zahlreiche Therapieangebote. Zurück in Mediaș verlassen Sie die Hauptstraße und biegen rechts ab auf eine Rundtour, die Sie nach Moșna führt. Dort beeindruckt ein Prachtstück von Burg aus dem 15. Jh. mit Wehrtürmen, Basteien, einer dreischiffigen Hallenkirche, freistehendem Glockenturm und Zwinger. Von Moșna aus fahren Sie 7 km weiter südöstlich und biegen dann bei der ersten Weggabelung links ab. In Richtung Norden geht es jetzt nach Biertan (Birthälm) → S. 57 mit der wohl repräsentativsten Kirchenburg. Das Bauwerk beherrscht das Dorf von einer kleinen Anhöhe aus. Es hat eine dreifache Ringmauer. Zwischen 1500 und 1525 gebaut, weist das spätgotische Monument bereits Elemente der Renaissance auf. Innen sind das Chorgestühl, die Kanzel mit Steinreliefs und die intarsienverzierte Tür sehenswert. Eine der Burgkammern war im Mittelalter für die Regelung von Eheproblemen vorgesehen: Dort wurden zerstrittene Paare so lange eingesperrt, bis sie sich wieder versöhnten. Dies zeigt nicht nur die damalige Sittenstrenge der Siebenbürger Sachsen, sondern illustriert auch ihr sehr detailliert organisiertes Sozialsystem. Von Biertan aus folgen Sie dem Weg weiter nördlich und erreichen die Landstraße, die Sie bei Mediaș verlassen haben. Nach etwa 10 km sind Sie in Sighișoara. Zum Abschluss der Rundfahrt geht es in süd-

licher Richtung durch die Hochebene in das *Harbachtal* nach Agnita (Agnetheln) mit gotischer Kirchenburg aus dem 15. Jh. Wer noch Zeit und Muße hat, dem bieten sich auf dem Weg nach und um Agnita reichlich Ziele für Abstecher. Etwa die ● „Rutschungshügel", wie Geologen die seltsamen Anhöhen (ca. 100) nennen, die bei Hundertbücheln (Movile) die Landschaft bestimmen und die einzigartig in Europa sind. Es handelt sich um Erderhebungen, die durch Erdrutsche gleich nach der letzten Eiszeit entstanden sind. Die Legende behauptet allerdings, es seien Hünengräber, in denen Riesen bestattet seien. Wer also zwischen den Hügeln wandert, wäre wohl nicht sehr verwundert, wenn ihm Rübezahl über den Weg liefe. An der Landstraße zwischen Agnetheln und Hermannstadt liegt Alțâna (Alzen) mit einem Haus aus dem 16. Jh. an der Hauptstraße mitten in der Ortschaft. Darin haben sich das Touristeninformationszentrum und eine *Webwerkstatt (Stefan Vaida | Casa Gerendi Nr. 92 | Tel. 0742 23 65 57 | altana@mioritics.ro)* eingerichtet. Wer das Haus besuchen möchte, sollte sich mindestens zwei Tage im Voraus anmelden. In Nocrich (Leschkirch) etwas weiter südlich steht das etwas verwahrloste *Geburtshaus* des Barons Samuel von Brukenthal, dem Gründer des Brukenthalmuseums in Hermannstadt. In Hosman (Holzmengen) wiederum bietet sich die wunderschöne Wehrkirche für einen Besuch an. Außerdem hat ein Schweizer Mühlenfachmann die Alte Mühle im Ort restauriert. Nun wird hier wieder Weizen gemahlen, und im alten Backofen der angeschlossenen Bäckerei auf traditionelle Art Brot gebacken. Sie können die Mühle werktags besichtigen. Wer am Wochenende nach Holzmengen kommt, sollte sich bei Joachim Cotaru (*Tel. 0740 95 93 89*) anmelden.

SPORT & AKTIVITÄTEN

Von leichten Wanderungen durch sanfte Hügellandschaften bis zu anspruchsvollen Kletter- und Raftingtouren in den Karpaten, Mountainbiking, Tauchen, Expeditionen in die Höhlen und zu den Futterplätzen der Braunbären, Ski und Reiten – alles ist in Rumänien möglich.

HÖHLENWANDERUNGEN

12 000 Höhlen durchlöchern die rumänischen Karpaten wie einen Schweizer Käse. Noch sind längst nicht alle öffentlich zugänglich. Manche sollten nur sehr geübte Bergsteiger mit Spezialausrüstung erkunden. Andere sind Ausflugsziele für die ganze Familie. Zu den schönsten Höhlen gehören *Comarnic* im Banater Bergland bei Reșița, die *Peștera Muierilor* („Frauen-

höhle") nahe Târgu Jiu in der westlichen Walachei sowie die arg überfüllte Höhle *Dâmbovicioara (alle tgl. 9–16 Uhr)* bei Bran in Siebenbürgen. Organisierte Touren bieten immer mehr Unternehmen an. Infos auf *www.karpatenwilli.com*, *www.apuseniexperience.ro* sowie auf *www.turismaventura.ro*. Höhlenführungen finden z. T. nur zwischen Mai und Sept. statt.

MOUNTAINBIKING

In der traumhaften Berg-und-Hügel-Landschaft erlebt Mountainbiking einen rasanten Aufschwung. Doch es gibt zurzeit noch zu wenige Unternehmen, die Räder vermieten und Touren organisieren wie z. B. die Agentur *Kultours (tgl. 9–21 Uhr | Casa Luxemburg | Piața Mică*

Bild: Wandern im Făgăraș-Gebirge in den Südkarpaten

Rauf und Runter: In Rumänien locken die Karpaten und das Meer versierte Sportler, aber auch Anfänger

16 | Tel. 0269 21 68 54) in Sibiu. Dort gibt es auch Auskünfte zu Gruppenradtouren und entsprechende Landkarten. Weitere Infos unter www.mountainsports.ro

REITEN

Zum Paradies entwickelt sich Rumänien für Fans des Reitsports. Herrliche Landschaften kann man in Poiana Brașov vom Pferderücken aus entdecken. Das Centrul de Echitație (Tel. 0268 26 21 61) bietet stundenweise Reittouren. Ausflü-

ge und Reitkurse organisiert auch das Hotel Dracula im Dorf Daneș bei Schässburg. Gut aufgehoben sind Reitfreunde bei Christoph und Barbara Promberger in Șinca Nouă bei Brașov. Die beiden betreiben den Reiterhof INSIDER TIPP▶ Equus Silvania (Tel. 0268 22 86 01 oder 0740 18 55 83 | www.equus-silvania.com) mit Pension in malerischer, ruhiger Umgebung am Fuß der Karpaten. Ihr Angebot richtet sich sowohl an Reiter aller Altersklassen als auch an Naturfreunde und ist perfekt für einen Familienurlaub.

TIERE BEOBACHTEN

Auf eigene Faust sollten Sie besser nicht nach wilden Tiere suchen, das kann gefährlich werden. Infos zu organisierten **INSIDER TIPP** Ausflügen zu den Futterplätzen von Bären und Wölfen gibt es bei der Filiale des rumänischen Vereins für Urlaub auf dem Land *Antrec (Str. Principală 509 | Tel. 0268 23 63 55)* in Bran bei Brașov oder bei dem deutschsprachigen Spezialveranstalter *Carpathian Nature Tours (Sat Măgura 130 | Tel. 0745 5120 96 | www.cntours.eu)* in Măgura am Fuß des Königsteins für den Besuch im Bärenreservat und Wildbeobachtung im Wald. Das rumänische Tierbeobachtungsgebiet schlechthin ist das Donaudelta, v. a. für Störche, Pelikane und andere Wasservögel. Gezielte Ausflüge bieten fast alle Hotels im Delta an.

WANDERN & BERGSTEIGEN

Wanderer finden im rumänischen Karpatenbogen eine atemberaubende Vielfalt an Möglichkeiten. Wer mehrere Tage durch die Berge wandern möchte, kann Touren von einer Berghütte *(cabana)* zur anderen machen. Der Service in den *cabanas* ist allerdings sehr unterschiedlich. Machen Sie sich auf Gemeinschaftsräume gefasst. Wildes Zelten ist fast überall möglich. Wer kein Zelt, aber Schlafsack und Verpflegung dabeihat, findet gratis Unterkunft in einer der vielen Holzhütten ohne jede Ausstattung *(adăposturi)*. In den Wandergebieten hat sich ein Netz von Bergführern etabliert. Angebote für begleitete Wanderungen, abgestimmt auf die Kondition der Teilnehmer, finden sich z. B. unter *www.mountainguide.ro* und *www.mountainsports.ro*.

Klassische Wandergebiete sind in den Südkarpaten das Postăvarul-Massiv, erreichbar ab Poiana Brașov, die Piatra Craiului (Königstein) in der Nähe von Schloss Bran, das Bucegi-Gebirge bei Bușteni, das Făgăraș-Gebirge nahe Sibiu und das wilde Retezat-Gebirge im Südwesten. Im westlichen Bergland *(Munții Apuseni)* zieht es die meisten Wanderer zum Padiș-Plateau südwestlich von Cluj-Napoca, dem Ausgangspunkt zum Aufstieg auf die Gipfel Măgura Vânătă und Cârligatele (beide um 1600 m). In den Ostkarpaten lockt das Ceahlău-Massiv, der „Olymp der Moldau". Beliebt sind von den Orten Durău, Ceahlău, Bicaz und Bicazul Ardelean aus die markierten Wege zur *cabana* am 1790 m hohen Gipfel Dochia. Weitere Wandergebiete erstrecken sich im Rarau-Gebirge in der Gegend von Câmpulung Moldovenesc. An der per Auto erreichbaren *cabana Rarău* beginnt der ca. halbstündige Aufstieg zu den berühmten Felsen Pietrele Doamnei. Wer zwischen den Wandertouren die Karpaten auch mit dem Auto erkunden möchte, kann die ● ✿ *Transfogarascher Hochstraße* benutzen, die östlich Sibius von der N 1 Richtung Brașov nach Süden abzweigt. Sie führt im Sommer in etwa einer halben Stunde von Sibiu zum sehenswerten Gletschersee *Bâlea Lac* in 2034 m Höhe. Im Winter ist die Straße lediglich bis zum Bâlea-Wasserfall und der dortigen *Seilbahnstation (tgl. 9–17 Uhr etwa alle 15 Min. | keine Haftung bei schlechter Witterung!)* befahrbar, die Besucher bis zum See und dem Eishotel *(s. Wintersport)* bringt.

WASSERSPORT

Zum Surfen und Segeln ist das Schwarze Meer weniger geeignet, weil es dort v. a. im Sommer eher windstill ist. Auch Aktivitäten wie Wasserski sind vergleichsweise unterentwickelt. Derartiges bietet z. B. der Ferienkomplex *La Scoica Land (Tel. 0728 72 64 22 | www.lascoicaland.ro)* in

Mamaia am Süßwassersee. Wer tauchen lernen möchte, kann das bei *Scuba Diver (Tel. 021 6 10 46 02 | www.scubadiver.ro)*. Unter Wasser locken weniger die exotische Meeresfauna als alte Schiffswracks. Im Kommen sind INSIDER TIPP Raftingtouren in den Karpaten, z. B. auf dem Fluss Jiu *(Turismaventura in Târgu Jiu | Tel. 0253 22 25 55 | www.turismaventura.ro)* im Südwesten. Großes Können erfordert Rafting auf der Bistrița in der westlichen Bukowina bei Vatra Dornei *(Hotel Vila Sport | Tel. 0230 37 15 67; Tourismusamt | Tel. 0230 37 27 67)*. Floßfahrten auf dem Olt (Alt) in Siebenbürgen veranstaltet *Inter Pares (Tel. 0269 22 86 10 oder 0744/37 15 47 | www.inter-pares.ro)*. Wobei die Gruppenteilnehmer ihr Floß zunächst selbst bauen müssen.

WINTERSPORT

In Rumänien herrschen von Dez.–März meist ausgezeichnete Wintersportverhältnisse. Am besten ausgestattet sind die traditionellen Urlaubsregionen der Südkarpaten: Poiana Brașov, Sinaia und Predeal. Skilangläufer sind gut in Fundata aufgehoben. Skikurse buchen Sie z. B. beim Hotelkomplex *Ana (Tel. 0268 40 73 30)* in Poiana Brașov, weitere Infos unter *www.poiana-brasov.ro* und *www. mountainsports.ro*. Für Tourenski-Fans bietet *Inter Pares (Tel. 0269 22 86 10 oder 0744 37 15 47 | www.inter-pares.ro)* gute Angebote.

Am Gletschersee Bâlea Lac südlich Sibius wird jeden Winter in über 2000 m Höhe ein ● INSIDER TIPP Hotel aus Eisblöcken *(10 Zi., 3 Iglus für je 2 Pers. | Tel. 0726 23 44 17 | www.hotelof ice.ro | €€)* gebaut, die zuvor aus dem See geschnitten wurden – inkl. Eisbar, Eisrestaurant und Eiskirche! Bei minus 2 Grad Celsius schützen Sie Matratzen, Decken und Felle vor der Kälte. Rund ums Hotel finden fortgeschrittene (!) Skifahrer anspruchsvolle Pisten. Der zugefrorene See lädt zum Eislaufen, Curling und Eishockey ein. Sie erreichen das Eishotel mit der *Seilbahn (ab 1. Nov. tgl. 9–17 Uhr etwa alle 15 Min.)* vom Bâlea-Wasserfall aus.

Snowboarder finden in rumänischen Skigebieten bis März ausgezeichnete Bedingungen

MIT KINDERN UNTERWEGS

Zwar sind die Rumänen erklärtermaßen kinderfreundlich, doch dieses schlägt sich immer noch eher ungenügend in der touristischen Infrastruktur nieder. In den Strandbädern der Schwarzmeerküste haben zwar die meisten Hotels extra Pools für Kinder, und in vielen Herbergen bekommen Sie auch bereitwillig ein weiteres Bett ins Zimmer gestellt. Kinderspielplätze sind allerdings in der Regel lieblos ausgestattet und entsprechen auch nicht immer westeuropäischen Sicherheitsstandards.

Andererseits dürfen Ihre Kinder in dem Karpatenland nach Belieben lärmen und sich kräftig austoben. Dafür ernten sie dort keine missbilligenden Blicke, sondern ganz im Gegenteil Sympathie und Anerkennung.

Für den Urlaub mit Kleinkindern eignen sich am ehesten die Badeorte am Schwarzen Meer wegen der langen, seichten Ufer oder die Bauernhöfe in Siebenbürgen. Wer größere Kinder auf Besichtigungstouren mitnimmt, sollte am besten mit dem Auto fahren, denn die Fahrt mit öffentlichen Verkehrsmitteln ist unzuverlässig und anstrengend. Ins Reisegepäck gehören in jedem Fall Mittel gegen Durchfall, schon allein wegen der manchmal verdorbenen Eiscreme, die auf der Straße angeboten wird, außerdem Salben gegen Insektenstiche und eine starke Sonnencreme. Aus dem Westen importierte Babynahrung oder Windeln gibt es in jedem Supermarkt und jeder Apotheke, sodass Sie keine großen Vorräte mitzunehmen brauchen,

Freiheit und Abenteuer: Kinder haben in Rumänien freie Bahn. Es locken spannende Burgen, Höhlen und echte Naturerlebnisse

es sei denn, Sie bevorzugen bestimmte Marken. Die Eintrittspreise sind durchweg gering. Sie betragen in der Regel 50 Cent für Erwachsene, Kinder zahlen die Hälfte.

BANAT, APUSENI & MARAMUREŞ

GLETSCHERHÖHLE VON SCĂRIŞOARA
(129 D4) (ᗢ F3)

Da verschlägt es dem Nachwuchs garantiert die Sprache: Ein Rieseneisblock mitten im Berg – auch noch so abgebrühte Kids werden bei diesem Naturspektakel aus gefrorenem Wasser und sciencefictionartigen Lichteffekten begeistert sein. Außerdem ist es eine richtige Expedition, denn man muss sich wegen der Eiseskälte in der Grotte sogar im Sommer warm anziehen. Schon der Hinweg ist abenteuerlich: Man fährt von Oradea in südlicher Richtung über Beiuş und Stei nach Gârda de Sus. Von dort geht es auf einem unasphaltierten Weg 18 km weit zur Höhle. *Di–So 10–16 Uhr*

SIEBENBÜRGEN

BALUPARK (130 A5) (𝄞 H3)

In der wunderschönen Landschaft der Ostkarpaten in Harghita Bäi wartet auf 1350 m Höhe der größte Kletterpark Südosteuropas mit 120 Parcours auf 1,5 ha mit unterschiedlichen Schwierigkeitsgraden für Kinder und Erwachsene auf. Besonderer Nervenkitzel: der *Tiroler Parcours,* auf dem Sie an einem einzigen Stahlkabel knapp einen Kilometer lang durch schönste Natur sausen. Die Betreiber stellen entsprechende Ausrüstungen nach europäischem Sicherheitsstandard sowie gut ausgebildete Betreuer. Im Angebot stehen auch Teambuilding-Seminare. Unterkunft und Verpflegung finden Sie in der nahe gelegenen *Cabana Harghita. April–Sept. tgl. 9–19 Uhr, letzter Einlass 16.30 Uhr | Eintritt 45, Kinder unter 14 Jahren oder 150 cm 35 Lei | Harghita Bäi 59 | www.balupark.com*

DRACULABURG IN SCHÄSSBURG (129 F5) (𝄞 G4)

In der zauberhaften mittelalterlichen Burg können sich Kinder und kindliche Gemüter in alle möglichen Märchen und Sagen hineindenken: Dornröschen könnte hier wachgeküsst worden sein, vielleicht sogar vom Grafen Dracula. Ein Spaziergang vom Schässburger Stundturm zur *Casa Vlad Dracul* ist ein Erlebnis auch für Kinder, die sonst für Baudenkmäler nichts übrig haben.

FERIEN AUF DEM BAUERNHOF

Die netteste Art, Land und Leute zu erleben: Der Verein Antrec vermittelt Zimmer bei rumänischen Bauern. Hier macht die ganze Familie Urlaub mit frisch gemolkener Milch, Eiern von glücklichen Hühnern, Natur pur und Einheimischenanschluss. *Antrec | Bd. Mărăşti 59, C3 | Bukarest | Tel. 021 2 22 80 01 | www.antrec.ro*

SCHLAMMVULKANE VON BERCA ● (134 C2) (𝄞 J5)

Für Kinder ab sechs ist die spektakuläre Naturerscheinung ein Riesenspaß: Auf dem großen Areal nahe Berca gluckert es aus vielen Schlammpfützen, ab und zu spritzt ein ganzer Schwall hoch. Grund ist Erdgas, das aus der Tiefe an die Oberfläche dringt. Man muss sehr aufpassen, denn an scheinbar trockenen Stellen kann der Boden plötzlich nachgeben und man bleibt bis zur Hüfte im Schlammkrater stecken. Es gibt keine organisierten Führungen zu den Schlammvulkanen. Fragen Sie in Berca nach den *Pâclele Mari* (sprich: pücklele mar). *20 km nördl. von Buzău, auf der Strecke nach Braşov*

BUKAREST & WALACHEI

ANTIPA-MUSEUM IN BUKAREST (0) (𝄞 0)

Das Naturkundemuseum wirkt etwas angestaubt, aber Kinder werden an den ausgestopften Tieren ihren Spaß haben, vor allem am Dinosaurierskelett. *Piaţa Victoriei | Di–So 10–17 Uhr*

HERĂSTRĂU-PARK (0) (𝄞 0)

Rumäniens Hauptstadt ist anstrengend – besonders für Kinder. Entspannung, Platz zum Toben und Spielplätze gibt es im Herăstrău-Park im Norden der Stadt. Mit etwas Glück ist auch das Riesenrad gerade in Betrieb.

MOLDAU & BUKOWINA

INSIDER TIPP SALZBERGWERK IN CACICA ● (130 B2) (𝄞 J2)

Eine kindgerechte Abwechslung zur Klöstertour in der Moldau ist das ehemalige Salzbergwerk in Cacica, 15 km nördlich von Gura Humorului, mit unterirdischem Salzwassersee, Tanzsaal und Salzskulpturen. Außerdem gibt es eine Kapelle zu

Ehren der heiligen Barbara, Schutzpatronin der Bergleute, zu sehen. Gleich am Eingang hängt eine Marienikone, der Wunderkräfte zugeschrieben werden, weshalb immer wieder viele Pilger kommen. Richtig voll wird es an Mariä Himmelfahrt, am 15. August, dann finden unter Tage sogar Gottesdienste statt. *Tgl. 9–16 Uhr*

SCHWARZES MEER & DONAUDELTA

DELPHINARIUM (DELFINARIU)
(135 E4) (*ɯ L6*)

Viel Spaß haben Kinder an den Delphinshows im modernisierten Delphinarium von Constanța im Naturkundemuseum (*Complex Muzeal de Stiinţe ale Naturii*). Der Komplex umfasst auch einen Aquariumsbereich, ein Gelände mit exotischen Vögeln sowie ein 4 ha großes Gehege für Tiere, die im Donaudelta heimisch sind: von Pelikanen und Wildgänsen bis zu Hirschen. *Tgl. 8–21 Uhr, Shows 10, 12, 14 Uhr | Bd. Mamaia 255*

INSIDER TIPP ▸ NATURRESERVAT HAGIENI
(135 E5) (*ɯ L7*)

Eine Oase in der sonst kahlen Landschaft: Zwischen 550 seltenen Steppenpflanzenarten kriechen Schildkröten, harmlose Schlangen und mehrere Eidechsenarten herum. Man fährt von Mangalia 13 km westlich Richtung Negru Vodă bis kurz vor das Dorf Albeşti. Interessant ist auch das 5 km südlich von Albeşti gelegene typische Tatarendorf Hagieni.

SEE LIMANU MIT GROTTE
(135 E5) (*ɯ L7*)

Die 4 km lange, labyrinthartige Grotte am Süßwassersee Limanu, 2 km südlich von Mangalia, lädt zum Verstecksspielen ein. So können die Kinder die verzweigte Höhle herrlich erkunden.

Und als Lohn ein Leckerli: einer der Showstars bei der Arbeit im Delphinarium

EVENTS, FESTE & MEHR

Wichtigstes religiöses Fest und interessant für Reisende, die Folklore in voller Pracht erleben wollen, ist das rumänisch-orthodoxe Osterfest, meist eine Woche nach den katholisch-protestantischen Ostertagen. Nach dem Fall des Kommunismus erinnern sich die Menschen fast jedes Jahr an einen weiteren, vergessenen Heiligen, der gefeiert werden muss, oder an einen alten Brauch, den es zu beleben gilt.

GESETZLICHE FEIERTAGE

1./2. Jan. *Neujahr;* ● **Ostern** (20./21. April 2014); **1. Mai** *Tag der Arbeit;* **Pfingsten** (8./9. Juni 2014); **15. Aug.** *Mariä Himmelfahrt;* **30. Nov.** *Heiliger Stefan;* **1. Dez.** *Nationalfeiertag;* **25./26. Dez.** *Weihnachten*

FESTE & VERANSTALTUNGEN

31. DEZ./1. JAN.
Kinder und Jugendliche ziehen von Haus zu Haus, singen ein Weihnachtslied oder sagen Neujahrsverse auf und erwarten dafür eine kleine Geldspende.

APRIL
3. Sonntag: Traditionelles ▶ *Hirtenfest* in Răşinari bei Sibiu

APRIL–SEPTEMBER
▶ *Transilvanian Brunches* in Siebenbürgen, v. a. in der Harbachregion, jeden letzten Samstag in einem anderen Dorf unter dem Motto *Local food tastes good*. Danach gibt's jeweils Wanderungen und Konzerte *(brunch.dordeduca.ro)*.

MAI/JUNI
▶ *Transilvania International Film Festival (TIFF)* in Cluj-Napoca und Sibiu, größtes rumänisches Filmevent *(tiff.ro/en)*
▶ *Jazzfestival Napocensis* in Cluj-Napoca (Klausenburg)
▶ INSIDER TIPP *Bookarest* in Bukarest – **einwöchige** *Buchmesse* – einer der wichtigsten Treffpunkte der Literaturszene
▶ *Bauern-Handwerksmesse* im Bukarester Dorfmuseum – Volkskünstler aus ganz Rumänien zeigen Wollteppiche, Töpfer- und Webarbeiten, z. T. auch Verkauf.
▶ INSIDER TIPP *Jazzfestival* in Sibiu (Hermannstadt)
▶ *Internationales Theaterfestival* über zehn Tage in Sibiu *(www.sibfest.ro)*

JULI
▶ *Alt-Bukarest-Festival:* Straßenfest zur Erinnerung ans Hauptstadtleben im 19. Jh. mit Kostümumzügen, Kutschfahrten, Straßenmusik und -theater

Von Heiligen und Himmelfahrten: Am liebsten und am intensivsten feiern Rumänen ihre religiösen Feste

▶ *Mädchenmarkt* am Găina-Berg im Kreis Alba südlich von Oradea. Früher ein richtiger Markt, der von den jungen Leuten aus den entlegenen Gebirgsdörfern als Gelegenheit genutzt wurde, Heiratswillige zu treffen, heute ein Treffpunkt für junge Leute, mit Rockkonzerten und Folklore – und zunehmend für Rucksacktouristen aus dem Ausland, die dort kräftig feiern und die Nacht im Zelt verbringen. Rockfestival ▶ *Stufstock* in Vama Veche am Schwarzen Meer

AUGUST

▶ *Hora de la Prislop:* Trachtengruppen aus allen Teilen Rumäniens treffen sich und tanzen die Hora (eine Art Reigen) auf dem Pass Prislop im östlichen Teil der Maramureș.

Beim ▶ *Festival der mittelalterlichen Kunst* in Sighișoara (Schässburg) gibt es Straßenmusik und -theater (darunter eine simulierte Hexenverbrennung), Gaukler und vieles mehr. Das Publikum ist jung und vergnügungsfreudig.

15. August: ▶ ● *Mariä Himmelfahrt:* großer Wallfahrtstag in fast allen Klöstern
▶ *Schlagerfestival* in Mamaia am Schwarzen Meer – gesucht wird das beste Lied Rumäniens
▶ *Zuika- und Käsefestival* in Rășinari Rockfestival ▶ *Artmania* mit internationalen Bands in Sibiu *(www.artmaniafes tival.ro)*

SEPTEMBER

1. Sonntag: ▶ *Töpfermarkt* in Sibiu
▶ *Zigeunerwallfahrt Sântă Mărie Mică* zum Kloster Bistriţa bei Costești

OKTOBER

▶ *Enescu-Festival* in Bukarest, internationaler Wettbewerb für klassische Musik (alle zwei Jahre, 2013 und 2015)
26. Oktober: ▶ *Tag des heiligen Dumitru* – spektakuläre Prozession um die Reliquien des Bukarester Schutzpatrons. Sie werden nur an diesem Tag aus der Patriarchenkathedrale herausgetragen und von Menschenmassen bewundert.

ICH WAR SCHON DA!

Vier User aus der MARCO POLO Community verraten ihre Lieblingsplätze und ihre schönsten Erlebnisse

MACCA-VILLACROSSE-PASSAGE

Die Macca-Villacrosse-Passage in Bukarest ist eine goldgelb überdachte Passage voller Leben an der Calea Victoriei. Kleine Cafés und Bars laden mit gemütlichen Korbsesseln zum Ausruhen ein. Das Schöne hier ist die Vielfalt der Cafés: Aus der einen Ecke klingen Reggae-, aus der anderen Blues-Töne, während die Wasserpfeifen des ägyptischen Cafés die ganze Passage in süßlichen Duft hüllen. Von diesem Flair sollte man sich verzaubern lassen. **Hamilton1976 aus Bamberg**

RETRO YOUTH HOSTEL

Das Retro Youth Hostel in Cluj-Napoca hat seinen ganz eigenen Charme. Ich habe es geliebt, morgens in der Küche mein Frühstück zuzubereiten und mich mit den verschiedenen Gästen und dem freundlichen Personal zu unterhalten – eine wirklich tolle Atmosphäre. **Greta79 aus Hameln**

CLUBUL TĂRANULUI ROMÂN

Ganz in der Nähe des Muzeul Tăranului Român in Bukarest findet sich der Clubul Tăranului Român. Interessante Konzerte und Livemusik sind neben der traditionell rumänischen Bauerneinrichtung gute Argumente für einen Besuch. Wer es ruhiger mag, zieht sich auf die große Außenterrasse zurück und lauscht der Musik, die von innen kommt. **Kunstbanause aus Berlin**

LA TAIFAS

Im La Taifas kann man nicht nur gut essen, sondern sich auch stundenlang aufhalten. Kunterbunt und liebevoll im orientalischen Stil eingerichtet muss man sich hier einfach wohlfühlen. Vor allem der Salon Levantin mit seinen bodennahen Tischen, Sitzkissen, orientalischen Teppichen und Zwiebelkuppeln hatte es uns angetan. **PeterPan aus Celle**

Haben auch Sie etwas Besonderers erlebt oder einen Lieblingsplatz gefunden, den nicht jeder kennt? Gehen Sie einfach auf www.marcopolo.de/mein-tipp

Für den Inhalt der Community-Seite übernimmt die MARCO POLO Redaktion keine Verantwortung.

LINKS, BLOGS, APPS & MORE

LINKS

▶ www.marcopolo.de/rumaenien Alles auf einen Blick zu Ihrem Reiseziel: Interaktive Karten inklusive Planungsfunktion, Impressionen aus der Community, aktuelle News und Angebote ...

▶ dordeduca.ro *Dor de ducă* bedeutet Fernweh und ist das Motto der Website für alle, die in Rumänien nicht zu Hause sitzen wollen: Hier gibt es eine Fülle von Hinweisen zu Festivals, Konzerten, Sportevents, aber auch Berichte und Nachrichten zum Thema Umwelt

▶ www.turism.ro Tolle Bilder aus allen Regionen Rumäniens, auch in z. T. etwas holpriger deutscher Sprache. Gibt Tipps für Übernachtungen, Transport, Verpflegung

▶ www.karpatenwilli.com Der Rumänienklassiker ist zwar etwas aktualisierungsbedürftig, aber immer noch eine der am besten bestückten Sites für das Karpatenland

▶ www.eco-romania.ro Noch ist das Angebot klein, aber die Gruppe derer, die Rumäniens fantastische Natur erkunden, aber dabei auch schützen wollen, wird immer größer

VIDEOS, STREAMS & PODCASTS

▶ Rumaenien-info.at Auf der österreichischen Website des rumänischen Tourismusamts finden Sie einen tollen Film über die letzten Wasserbüffel des Lands

▶ short.travel/rum1 Etwas unübersichtliche Site mit sehens- und hörenswerten Musikvideos der angesagten Romakapellen wie *Fanfare Ciocarlia* oder *Taraf de Haidouks*

▶ www.360tourist.net Unter dem Stichwort *Romania* gibt's hier virtuelle Touren zu Sehenswürdigkeiten u. a. in Brașov, Sighișoara, Mediaș

▶ short.travel/rum2 Unterwegs in den gar nicht so wilden Karpaten auf dem Kálnoky-Anwesen, das die frühe-

Egal, ob Sie sich auf Ihre Reise vorbereiten oder vor Ort sind: Mit diesen Adressen finden Sie noch mehr Informationen, Videos und Netzwerke, die Ihren Urlaub bereichern. Da manche Adressen extrem lang sind, führt Sie der kürzere short.travel-Code direkt auf die beschriebenen Websites

re Besitzerfamilie zurückbekommen hat und dort nun Gästehäuser für Urlauber anbietet. Prominentester Gast: der britische Kronprinz Charles

BLOGS & FOREN

▶ www.rennkuckuck.de Lauter Erfahrungsberichte und Tipps von Reisenden für Reisende. Sie können hier auch Fragen zu Ihrer eigenen Rumänienreise posten

▶ www.siebenbuerger.de Zu Siebenbürgen und den Siebenbürger Sachsen finden Sie auf der Website der Siebenbürgischen Zeitung einfach alles. Sehr spannend sind die Diskussionsforen

▶ www.transylvaniatravel.net In dem deutschsprachigen Forum tauschen sich Rumänienfans mit all jenen aus, die es noch werden wollen

APPS

▶ Kirchenburgen Siebenbürgen Unter der Webadresse *Kirchenburgen.org* finden Sie lauter Informationen rund um die Bauwerke der Siebenbürger Sachsen als App

▶ Online TV Romania Wer Rumänisch spricht, kann sich während seines Urlaubs die rumänischen Nachrichten und andere Fernsehsendungen mit dieser App auf sein Handy laden

▶ uTalk Rumänisch Für alle diejenigen, die Rumänisch noch lernen möchten. Oder sich zumindest ein wenig einhören möchten. Schön übersichtlich nach Themengruppen von „ersten Worten" über „Essen" bis „Redewendungen" geordnet. Nicht vergessen: Schon ein paar Worte in der Landessprache öffnen Türen – und Herzen

NETWORK

▶ short.travel/rum3 „Couchsurfing" ist ein weltweites Netzwerk für den Austausch von Kultur und Erfahrungen. Es verbindet Reisende mit Menschen in den Ländern und Städten, die sie besuchen, in diesem Fall mit Menschen in Bukarest

▶ short.travel/rum4 In der Thorntree-Community von Lonely Planet werden die besten Tipps aus den verschiedenen Regionen Rumäniens präsentiert

▶ www.tripwolf.com Die communities von Siebenbürgen und Bukarest geben Hinweise für Traveller und zeigen Bilder

PRAKTISCHE HINWEISE

ANREISE

Von Wien führt die Autobahn über Budapest fast bis zur rumänischen Grenze nahe Szeged. Von dort fahren Sie am besten weiter über Arad und Sibiu nach Bukarest. Weitgehend über Landstraßen führt der Weg von Budapest über Szolnok und Püspökladany nach Oradea und Cluj.

Nach Bukarest gelangen Sie mit dem Eurocity über Wien und Budapest. Morgens fahren Sie in München los, am späten Nachmittag steigen Sie in Budapest in den Nachtzug und erreichen Bukarest am nächsten Morgen (etwa 24 Std., Preis hin und zurück ca. 160 Euro). Infos: *www.bahn.de*

GRÜN & FAIR REISEN

Auf Reisen können auch Sie mit einfachen Mitteln viel bewirken. Behalten Sie nicht nur die CO_2-Bilanz für Hin- und Rückflug im Hinterkopf *(www.atmosfair.de)*, sondern achten und schützen Sie auch nachhaltig Natur und Kultur im Reiseland *(www. gate-tourismus.de; www.zukunft-reisen.de; www.ecotrans.de)*. Gerade als Tourist ist es wichtig, auf Aspekte zu achten wie Naturschutz *(www. nabu.de; www.wwf.de)*, regionale Produkte, Fahrradfahren (statt Autofahren), Wassersparen und vieles mehr. Wenn Sie mehr über ökologischen Tourismus erfahren wollen: europaweit *www.oete.de*; weltweit *www.germanwatch.org*

Lufthansa bietet täglich Direktflüge von Frankfurt am Main und München nach Bukarest an, außerdem von München nach Sibiu und Timişoara. Direkt von München nach Bukarest, Cluj-Napoca und Sibiu fliegen Sie auch mit der rumänischen Fluggesellschaft Tarom. Blue Air fliegt direkt von Köln (Bonn) und Stuttgart nach Arad, Sibiu und Bukarest. Carpatair hat außerdem Flüge von München, Stuttgart und Düsseldorf nach Sibiu über Timişoara im Angebot. Zwei Direktflüge täglich gibt es aus Bukarest nach Zürich. Direktflüge aus Wien gehen nach Bukarest, Timişoara, Sibiu, Cluj-Napoca, Iaşi und Suceava. Nach Constanţa an der Schwarzmeerküste fliegen nur in der Hauptsaison Chartermaschinen aus Deutschland. Auch die Billigfluggesellschaften WizzAir, EasyJet, German Wings und Air Berlin haben Destinationen in Rumänien im Programm. Unter *reisen. transylvaniatravel.net* gibt es eine ganz gute Übersicht zu den Flugverbindungen und auch Tipps für günstige Flüge.

Es gibt auch die Möglichkeit, auf der Donau eine Kreuzfahrt bis ans Schwarze Meer zu machen. Die Fahrt von Passau bis nach Sulina oder Izmail dauert acht bis zehn Tage und kostet je nach Komfort ab ca. 1200 Euro aufwärts.

AUSKUNFT

RUMÄNISCHE TOURISTENBÜROS
– *Budapester Str. 20 A | 10787 Berlin | Tel. 030 2 41 90 41*
– *Dachauerstr. 32–34 | 80335 München | Tel. 089 51 56 76 87*
– *Opernring 1, Stiege R-Top 401–404 | 1010 Wien | Tel. 01 3 17 31 57*

Von Anreise bis Zoll

Urlaub von Anfang bis Ende: die wichtigsten Adressen und Informationen für Ihre Rumänienreise

AUTO

Setzen Sie sich niemals alkoholisiert ans Steuer, auch wenn es nur ein Schlückchen war. Denn in Rumänien gilt absolutes Alkoholverbot. Und das wird auch kontrolliert. Auch ansonsten sollten Sie in jedem Fall vorsichtig fahren! Die Straßen sind zwar besser als ihr Ruf, doch innerhalb der Ortschaften können sich unerwartete Schlaglöcher auftun, die mitteleuropäische Fahrer einfach nicht gewohnt sind. Unbedingt an die Höchstgeschwindigkeit halten, auch wenn die Rumänen oft wesentlich schneller fahren. Die Straßen sind sehr belebt mit Fußgängern, Tieren (Hunde, Pferde, Kühe, Gänse) sowie Fuhrwerken.

Es gilt Tempo 120 km/h auf Autobahnen, 90 auf Landstraßen außerhalb der Ortschaften und 50 innerhalb, für Motorräder 50 bzw. 40. Halten Sie sich an die Begrenzungen, es gibt viele Radarkontrollen. Das Tankstellennetz an den Hauptstraßen ist recht großzügig ausgebaut. Bei großen Tankstellen können Sie inzwischen mit normaler Kreditkarte bezahlen.

BANKEN

Banken sind werktags von 8–13 und 14–18 Uhr geöffnet. Dort können auch Reiseschecks eingelöst werden. Geldwechseln ist jedoch in größeren Hotels und privaten Geldstuben günstiger. Auf keinen Fall bei Privatleuten auf der Straße Geld tauschen, man wird betrogen! Inzwischen kann man sich mit seiner deutschen EC-Karte aus rumänischen Geldautomaten mit der Landeswährung Lei versorgen.

CAMPING

In Rumänien gibt es über das Land verteilt ungefähr 180 Campingplätze, die zumeist von Mai bis September geöffnet sind. Erwarten Sie nicht zuviel: Der Komfort auf den Plätzen ist im Allgemeinen nicht sehr groß. Weitere Infos: *www. campinguri.wordpress.com*

WAS KOSTET WIE VIEL?

Kaffee	**1,15 Euro** *für eine Tasse*
Bier	**0,75 bis 1 Euro** *für 0,3 l im Lokal*
Essen	**7 Euro** *für ein Tagesgericht*
Snack	**1,50 Euro** *für eine Brezel*
Benzin	**1,25 Euro** *für einen Liter bleifrei*
Schnellzug	**ca. 10 Euro** *für 100 km in der 1. Klasse mit einem Intercity*

DIPLOMATISCHE VERTRETUNGEN

DEUTSCHE BOTSCHAFT
Strada Cpt. Av. Gheorghe Demetriade 6–8 | Bukarest | Tel. 021 2 02 98 30 | www. bukarest.diplo.de
DEUTSCHE KONSULATE
Strada Lucian Blaga 15–17 | Sibiu | Tel. 0269 20 62 11 | www.hermannstadt. diplo.de
Splaiul Tudor Vladimirescu 10 | Timişoara | Tel. 0256 30 98 00 | www.temeswar. diplo.de

ÖSTERREICHISCHE BOTSCHAFT
Strada Dumbrava roșie 7 | Bukarest | Tel.
021 2 01 56 12 | bukarest-ob@bmeia.at

BOTSCHAFT DER SCHWEIZ
Strada Grigore Alexandrescu 16–20 | Bukarest | Tel. 021 2 06 16 00 | buc.vertretung@eda.admin.ch

EINREISE

Zur Einreise nach Rumänien brauchen Bürger der EU und auch Schweizer nur einen gültigen Personalausweis.

FKK

FKK wird an etlichen Schwarzmeerstränden praktiziert. Oben ohne ist dort auch kein Problem. Einige wenige Hotels an der Küste haben außerdem eigene FKK-Strandabschnitte.

FOTOGRAFIEREN

Das Fotografieren ist fast überall erlaubt, außer an Brücken, Flugplätzen und militärischen Einrichtungen. Ein Schild mit durchgestrichener Kamera macht auf das Verbot aufmerksam. Daran sollte man sich strikt halten. Filme und Speicherchips bringt man besser mit, sie sind in Rumänien teurer als zu Hause.

GELD

Die Landeswährung Leu (Mehrzahl Lei) hat sich in den vergangenen Jahren bedeutend stabilisiert. Bei einer Währungsreform wurden zudem vier Nullen gestrichen. Bei Redaktionsschluss entsprach ein Euro 4,50 Lei. Untereinheit des neuen Leu ist der Ban (Mehrzahl Bani). Ein Leu entspricht 100 Bani. Es gibt Münzen zu 1, 5, 10 und 50 Bani sowie Scheine zu 1, 5, 10, 50, 100, 200 und 500 Lei. Die alten Münzen und Scheine wurden bis Ende 2006 vollständig eingezogen. Im aktuellen Sprachgebrauch aber ist das alte Geld immer noch präsent. Die meisten Verkäufer sagen „eine Million" und meinen „Hundert".

GESUNDHEIT

In Rumänien haben EU-Bürger nach Vorlage der Europäischen Krankenversicherungskarte (EHIC) theoretisch Anspruch auf ärztliche Behandlung in Einrichtungen, die einen Vertrag mit der Nationalen Krankenversicherung *(Casa Națională de Asigurări de Sănătate)* haben. Dazu gehören fast alle rumänischen Arztpraxen, Polikliniken und Krankenhäuser. Die unterbezahlten Ärzte und Pfleger erwarten allerdings ein „Trinkgeld", bei chirurgischen Eingriffen in Höhe von mehreren hundert Euro. Die rumänischen Apotheken sind in der Regel mit den gängigen Medikamenten gegen Kopfschmerz, Grippe und Durchfall gut versorgt.

HAUSTIERE

Sie sollten einen EU-Heimtierausweis dabei haben und vorab in Erfahrung bringen, ob Hund oder Katze in der Unterkunft, die Sie buchen möchten, erlaubt sind. In den Restaurants und Cafés Rumäniens sind Haustiere ganz generell nicht gern gesehen. Hier gilt: Je kleiner das Lokal desto geringer die Chance, dass Sie mit Ihrem Hund dort hereingelassen werden. Im Sommer können Sie mit Ihrem Vierbeiner auf eine Terrasse ausweichen, wo Sie allerdings mit streunenden Hunden rechnen müssen, die um Futter betteln. Gefährlich kann es werden, wenn Sie mit Ihrem Hund unterwegs sind, wo Schafherden weiden. Die abgerichteten Schäferhunde verteidigen ihre Herde in weitem Umkreis. Ihr Hund könnte leicht als Feind angesehen und angegriffen werden.

HOTELS

Vor allem in den Städten sind neue Hotels mit westlichem Komfort entstanden oder alte entsprechend renoviert worden. Bisweilen mangelt es an empfehlenswerten günstigeren Quartieren. An vielen Straßen in den Karpaten werden Motels *(hanul)* gebaut, die im Durchschnitt einen guten Standard haben und auch preislich recht günstig sind.

INTERNET & WLAN

Das Land ist mit Internetanschlüssen bestens versorgt. In fast jeder Kleinstadt gibt es mindestens ein Internetcafé, in der Hauptstadt Bukarest Dutzende. In Grandhotels ist WLAN selbstverständlich, zunehmend auch in Mittelklassehäusern und kleinen Pensionen. In den größeren Städten gibt es zahlreiche kostenlose Hotspots in Cafés. Surfen im Netz kostet dort 1,50–2 Euro, in der Provinz 50–75 Cent pro Stunde.
Bukarest: Internet-Café | Calea Victoriei 120 | tgl. rund um die Uhr
Timișoara (Temeswar): Internet Java | Strada Pacha 6 | tgl. rund um die Uhr
Brașov (Kronstadt): Internet Café | Str. Michael Weiss 11 | tgl. nonstop

MIETWAGEN

In den rumänischen Städten können Autos nahezu aller Marken gemietet werden. Die Wagen müssen nicht bei der gleichen Agentur zurückgegeben werden, bei der sie angemietet wurden. Die Tagespauschale beträgt mindestens 20 Euro, pro km werden umgerechnet 25 Cent hinzuberechnet. Eine Kaution von ca. 100 Euro muss hinterlegt werden.

NOTRUF

Europäischer Notruf: *Tel. 112*

ÖFFENTLICHE VERKEHRSMITTEL

Die Linienbusverbindungen sind dürftig. Oft verkehren die Busse zwischen den einzelnen Orten nur einmal am Tag. Außerdem: Die Abfahrtszeiten werden häufig nicht eingehalten.
Von den größeren Städten aus werden Ausflüge per Bus in die Umgebung angeboten. Informationen über Touren in das Umland erfragen Sie bitte bei den jeweiligen Touristenbüros.
Die größeren Städte werden vom rumänischen Eisenbahnnetz bedient. Zugreisen sind relativ preiswert. Es empfiehlt sich, Karten für die 1. Klasse zu lösen.

ÖFFNUNGSZEITEN

Viele Geschäfte haben auch sonntags und oft bis spät in die Nacht hinein geöffnet. Zudem gibt es etliche Supermärkte, in denen Sie rund um die Uhr einkaufen können. Restaurants sind in Bukarest, in größeren Städten und an gängigen Urlaubsorten in der Saison in der Regel

WÄHRUNGSRECHNER

€	Lei	Lei	€
1	4,53	10	2,20
2	9,05	20	4,41
3	13,58	25	5,51
4	18,10	30	6,61
5	22,63	40	8,81
7	31,68	50	11,02
12	54,30	70	15,42
25	113,13	120	26,44
125	565,64	125	27,54

ab Mittag bis weit nach Mitternacht geöffnet. In kleineren Orten, die nicht in bekannten Urlaubsgebieten liegen, schließen viele Küchen schon gegen 22 Uhr, und es gibt nur noch kalte Gerichte. Außerhalb der Saison reduzieren in vielen Urlaubsgebieten etwa am Schwarzen Meer die Lokale ihre Öffnungszeiten oder bleiben ganz geschlossen.

POST

Postämter sind Mo–Fr von 7–20, Sa von 9–12 Uhr geöffnet. Eine Briefmarke für einen normalen Brief nach Deutschland kostet 2 Lei. Briefkästen sind gelb oder rot und tragen die Aufschrift „Posta".

PRIVATE UNTERKUNFT

Wer Urlaub auf dem Bauernhof oder in ländlicher Umgebung machen möchte, findet in Rumänien eine breite Palette von Gästehäusern. In Siebenbürgen etwa gibt es Zimmer auch in evangelischen Pfarrhäusern, eine aktuelle Liste dieser Gästehäuser finden Sie unter *www. reichesdorfer.de.* Im Schiller-Verlag ist ein Buch zum Thema „Siebenbürgische Gästehäuser" von Anselm Roth erschienen *(www.buechercafe.ro)*, das auch Pensionen im ganzen Land verzeichnet. Auf der Website *www.casainnatura.eu/ transsilvanien* gibt es weitere Empfehlungen zu Ferienwohnungen in Siebenbür-

WETTER IN CONSTANȚA

	Jan.	Feb.	März	April	Mai	Juni	Juli	Aug.	Sept.	Okt.	Nov.	Dez.
Tagestemperaturen in °C	3	5	8	13	19	24	27	26	22	17	11	6
Nachttemperaturen in °C	−3	−2	1	6	11	16	18	18	14	9	5	0
Sonnenschein Stunden/Tag	3	3	4	7	9	10	11	10	8	7	3	2
Niederschlag Tage/Monat	7	5	5	5	6	6	4	3	3	5	6	6
Wassertemperaturen in °C	4	3	4	9	14	19	22	23	20	16	13	7

gen. Ländliche Pensionen in ganz Rumänien finden Sie unter *www.ruraltourism.ro* oder *www.antrec.ro*.

RAUCHEN

In öffentlichen Gebäuden und Verkehrsmitteln herrscht Rauchverbot. In privaten Lokalen, Bars, Cafés und Restaurants gibt es Nichtraucher- und Raucherabteilungen, sofern die Räumlichkeiten größer sind als 100 m². Darunter muss sich der Besitzer entscheiden, ob er ein Nichtraucher- oder ein Raucherlokal betreibt und dies entsprechend beschildern. Leider ist es so, dass viele Nichtraucherbereiche nicht streng von den Raucherbereichen abgetrennt sind bzw. die Rauchverbotszonen viel kleiner und enger ausfallen, als jene, in denen das Rauchen erlaubt ist.

STROM

220 Volt Wechselstrom. Ein Adapter ist nicht nötig.

TAXI

Taxifahren ist in Rumänien ein vergleichsweise billiges Vergnügen.

TELEFON & HANDY

Das rumänische Telefonnetz hat bis auf einige wenige Ausnahmen in entlegenen Dörfern europäischen Standard. Es gibt Münz- und Kartentelefone, einige sind sogar für Auslandsgespräche geeignet. Die Vorwahl für Rumänien ist *0040*. Deutschland erreichen Sie von Rumänien aus unter *0049*, Österreich unter *0043* und die Schweiz unter *0041*. Wenn Sie Ihr Handy nutzen, können Sie beim Roaming mit der Wahl eines günstigen Netzes sparen. Mit einer rumänischen Prepaid-Karte der Betreiber

Connex oder *Orange* entfallen zudem die Gebühren für eingehende Anrufe.

TRINKGELD

In Restaurants 10–15 Prozent der Rechnung. Der Weinkellner erhält auch ein kleines Trinkgeld.

WOHNMOBIL

Mit dem Wohnmobil in Rumänien unterwegs zu sein, ist spannend. Empfehlenswert sind geführte Reisen, doch wer etwas erleben möchte, kann einfach von Campingplatz zu Campingplatz fahren. Oder mit Bauern verhandeln, die gern ihren Obstgarten oder eine Wiese zur Verfügung stellen. Nicht zu empfehlen ist es, sein Wohnmobil auf einem unbewachten Parkplatz abzustellen.

ZEIT

In Rumänien gilt die Osteuropäische Zeit. Mitteleuropäer müssen ihre Uhren eine Stunde vorstellen.

ZEITUNGEN

Es gibt einige deutschsprachige Zeitungen. In Sibiu erscheint die „Hermannstädter Zeitung" (*www.hermannstaedter.ro*), in Bukarest die „Allgemeine Deutsche Zeitung für Rumänien" (*www.adz.ro*).

ZOLL

Innerhalb der EU dürfen Waren des persönlichen Gebrauchs frei ein- und ausgeführt werden dürfen, u. a. bis zu 800 Zigaretten, 10 l Spirituosen und 90 l Wein. Für Schweizer Bürger gelten geringere Mengen. Für die Ausfuhr von Kunstwerken aus Rumänien braucht es eine Genehmigung vom *Oficiul de Patrimoniu*.

SPRACHFÜHRER RUMÄNISCH

AUSSPRACHE

Zur Erleichterung der Aussprache sind alle rumänischen Wörter mit einer einfachen Aussprache (in Klammern) versehen.

AUF EINEN BLICK

ja/nein/vielleicht	da/nu/poate (da/nu/poate)
bitte/danke	vă rog/mulțumesc (wö rok/multzumessk)
Entschuldige.	Scuze. (sskuse)
Entschuldigen Sie!	Scuzați! (sskusatzj)
Wie bitte?	Poftim? (poftim)
Ich möchte .../Haben Sie ...?	Doresc .../Aveți ...? (doressk/avetzj)
Wie viel kostet ...?	Cât costă ...? (küt kosstö)
Das gefällt mir (nicht).	Asta (nu) îmi place. (asta (nu) ümj platsche)
gut/schlecht	bun/rău (bun/röu)
Hilfe!/Achtung!/Vorsicht!	Ajutor!/Atenție! (aschutor/atenzie)
Krankenwagen	salvare (ssalware)
Polizei/Feuerwehr	poliția/pompierii (polizia/pompjeri)
Darf ich Sie/hier fotografieren?	Permiteți să/vă fotografiez aici? (permitezj ssö/wö fotografies aitsch)

BEGRÜSSUNG UND ABSCHIED

Gute(n) Morgen!/Tag!/Nacht!	Bună dimineața!/ziua!, Noapte bună! (bunö dimineaza/siua, noapte bunö)
Hallo!/Auf Wiedersehen!	Bună!/La revedere! (bunö/la rewedere)
Tschüss!	Pa! (pa)
Ich heiße ...	Mă numesc ... (mö numessk)
Wie heißen Sie?	Cum vă numiți? (kum vö numizj)

DATUMS- UND ZEITANGABEN

Montag/Dienstag	luni/marți (lunj/marzj)
Mittwoch/Donnerstag	miercuri/joi (mierkurj/schoj)
Freitag/Samstag	vineri/sâmbătă (winerj/ssümbötö)
Sonntag/Werktag	duminică/zi de lucru (duminikö/si de lukru)
heute/morgen/gestern	astăzi/mâine/ieri (asstösj/müine/jerj)

Vorbiți Românește?

„Sprichst du Rumänisch?" Dieser Sprachführer hilft Ihnen, die wichtigsten Wörter und Sätze auf Rumänisch zu sagen

Stunde/Minute	oră/minut (orö/minut)
Tag/Nacht/Woche	zi/noapte/săptămână (si/noapte/ssöptömünö)
Monat/Jahr	lună/an (lunö/an)
Wie viel Uhr ist es?	Cât este ceasul? (Küt esste tscheassul)

UNTERWEGS

offen/geschlossen	deschis/închis (desskiss/ünkiss)
Eingang/Einfahrt	intrare/acces (intrare/aktschess)
Ausgang/Ausfahrt	ieșire (jeschire)
Abfahrt/Ankunft	plecare/sosire (plecare/ssossire)
Toiletten/Damen/Herren	WC/Femei/Bărbați (wetsche/femej/börbazj)
(kein) Trinkwasser	apă (ne)potabilă (apö (ne)potabilö)
Wo ist ...?/Wo sind ...?	Unde este ...?/Unde sunt ...? (unde esste/unde ssunt)
links/rechts	stânga/dreapta(sstünga/dreapta)
geradeaus/zurück	înainte/înapoi (ünainte/ünapoj)
nah/weit	aproape/departe (aproape/departe)
Straße/Pfad/Weg	stradă/cărare/drum (sstradö/cörare/drum)
Fluss/Brücke/See	râu/pod/lac (rüu/pod/lak)
Bus/Taxi	autobuz/taxi (autobus/taxi)
Haltestelle	stație autobuz (sstazie autobus)
Mit Taxameter, bitte!	Cu taxametru, vă rog! (ku taxametru vö rok)
Stadtplan/(Land-)Karte	planul orașului/hartă (planul oraschuluj/hartö)
Bahnhof/Flughafen	gara/aeroport (gara/äroport)
Fahrplan/Fahrschein	mersul/bilet (merssul/bilet)
einfach/hin und zurück	dus/dus-întors (duss/duss-üntorss)
Zug/Gleis	tren/peron (tren/peron)
Ich möchte ... mieten.	Doresc să închiriez ... (doressk ssö ünkirjes)
Auto/Fahrrad	mașină/bicicletă (maschinö/bitschikletö)
ein Boot	o barcă (o barkö)
Tankstelle	stație de benzină (sstazie de bensinö)
Benzin/Diesel	benzină/motorină (bensinö/mottorinö)
Autopanne/Werkstatt	pană de motor/service (panö de mottor/sserviss)

ESSEN UND TRINKEN

Reservieren Sie uns bitte für heute Abend einen Tisch für vier Personen.	Vă rog să ne rezervați pentru diseară o masă pentru patru persoane. (vö rok sö ne reservazj pentru dis- searö o massö pentru patru perssoane)
auf der Terrasse	pe terasă (pe terassö)
am Fenster	la fereastră (la fereasströ)

Die Speisekarte, bitte.	Meniul vă rog. (meniul vö rok)
Könnte ich bitte ... haben?	Vă rog să-mi aduceți ... (vö rok ssömj adutschezj)
Messer/Gabel/Löffel	cuțit/furculiță/lingură (kuzitt/furkulizö/lingurö)
Salz/Pfeffer/Zucker	sare/piper/zahăr (ssare/pipär/sachör)
Essig/Öl	oțet/ulei (ozett/ulej)
mit/ohne Eis/Kohlensäure	cu/fără gheață/gaz (ku/förö geazö/gas)
Ich möchte zahlen, bitte.	Nota de plată, vă rog. (nota de platö, vö rok)
Rechnung/Quittung	nota de plată/chitanța (nota de platö/kitanza)

EINKAUFEN

Wo finde ich ...?	Unde găsesc? (unde gössessk)
Ich möchte .../Ich suche ...	Doresc .../Caut ... (doressk/kaut)
Apotheke/Drogerie	farmacie/drogherie (farmatschije/drogerije)
Bäckerei/Markt	brutărie/piață (brutörije/pjazö)
Supermarkt	supermarket (supermarket)
Zeitungsladen	articole foto/chiosc de ziare (artikolle foto/kjoschk de siare)
Preis	preț (prez)
mehr/weniger	mai mult/mai puțin (maj mult/maj puzin)

ÜBERNACHTEN

Ich habe ein Zimmer reserviert.	Am rezervat o cameră. (am reserwat o kamerö)
Haben Sie noch ...?	Mai aveți ...? (maj awezj)
Einzelzimmer	cameră single (kamerö singel)
Doppelzimmer	cameră dublă (kamerö dublö)
Frühstück	mic dejun (mikk deschun)
Dusche/Bad	duș/baie (dusch/baje)
Balkon/Terrasse	balcon/terasă (balkon/terassö)
Schlüssel/Zimmerkarte	cheie/card de acces (keje/kart de aktschess)
Gepäck/Koffer/Tasche	bagaj/valiză/geantă (bagasch/walisö/dscheantö)

BANKEN UND GELD

Bank/Geldautomat	bancă/automat (bankö/automat)
Geheimzahl	PIN (pin)
Ich möchte ... Euro wechseln.	Doresc să schimb ... euro. (doressk ssö sskimp ... euro)
bar/ec-Karte/Kreditkarte	cash/card ec/card de credit (kesch/kart ec/kart de kreditt)
Banknote/Münze	bancnotă/monedă (banknotö/monedö)
Wechselgeld	bani de schimb (banj de skimp)

GESUNDHEIT

Arzt/Zahnarzt/Kinderarzt	medic/stomatolog/pediatru (medikk/sstomatolog/pediatru)
Krankenhaus/Notfallpraxis	spital/urgență (spital/urdschenzö)
Fieber/Schmerzen	febrä/dureri (febrö/durerj)
Durchfall/Übelkeit	diaree/vărsături (diaräje/wörssöturj)
Sonnenbrand	insolație (inssolazije)
Entzündet/verletzt	inflamat/rănit (infflamat/rönitt)
Schmerzmittel/Tablette	antialgic/tabletă (antialdschik/tablettö)

TELEKOMMUNIKATION & MEDIEN

Briefmarke/Brief	timbru/scrisoare (timbru/sskrissoare)
Postkarte	carte poștală (karte poschtalö)
Ich brauche eine Telefonkarte fürs Festnetz.	Am nevoie de o cartelă telefonică pentru rețeaua de telefonie fixă. (am nevoje de o kartelö telefonikö pentru rezjaua de telefonije fiksö)
Ich suche eine Prepaidkarte für mein Handy.	Caut o cartelă prepaid pentru mobilul meu. (kaut o kartelö pripejd pentru mobilul meju)
Wo finde ich einen Internetzugang?	Unde am acces la internet? (unde am aktschess la internett)
Steckdose/Adapter/Ladegerät	priză/adapter/încărcător (prisö/adapter/ünkörkötor)
Computer/Batterie/Akku	calculator/baterie/baterie reșarjabilă (kalkulator/baterije/baterije rescharschabilö)
At-Zeichen	at (ät)
Internetadresse (URL)	adresă de net (adressö de nett)
E-Mail-Adresse	adresă de e-mail (adressö de imejjl)
Internetanschluss/WLAN	conexiune la internet/WLAN (koneksiune la internett/welan)

ZAHLEN

0 zero (sero)	20 douăzeci (douösetschj)
1 unu (unu)	30 treizeci (trejsetschj)
2 doi (doj)	40 patruzeci (patrusetschj)
3 trei (trej)	50 cincizeci (tschintschjsetschj)
4 patru (patru)	60 șaizeci (schajsetschj)
5 cinci (tschintschj)	70 șaptezeci (schaptesetschj)
6 șase (schasse)	80 optzeci (optsetschj)
7 șapte (schapte)	90 nouăzeci (nouösetschj)
8 opt (opt)	100 o sută (o ssutö)
9 nouă (nouö)	200 două sute (douö ssute)
10 zece (setsche)	1000 o mie (o mije)

REISEATLAS

Die grüne Linie ▬▬▬ zeichnet den Verlauf der Ausflüge & Touren nach
Die blaue Linie ▬▬▬ zeichnet den Verlauf der Perfekten Route nach

Der Gesamtverlauf aller Touren ist auch in
der herausnehmbaren Faltkarte eingetragen

Bild: Schafherde am Borgo-Pass in den Ostkarpaten

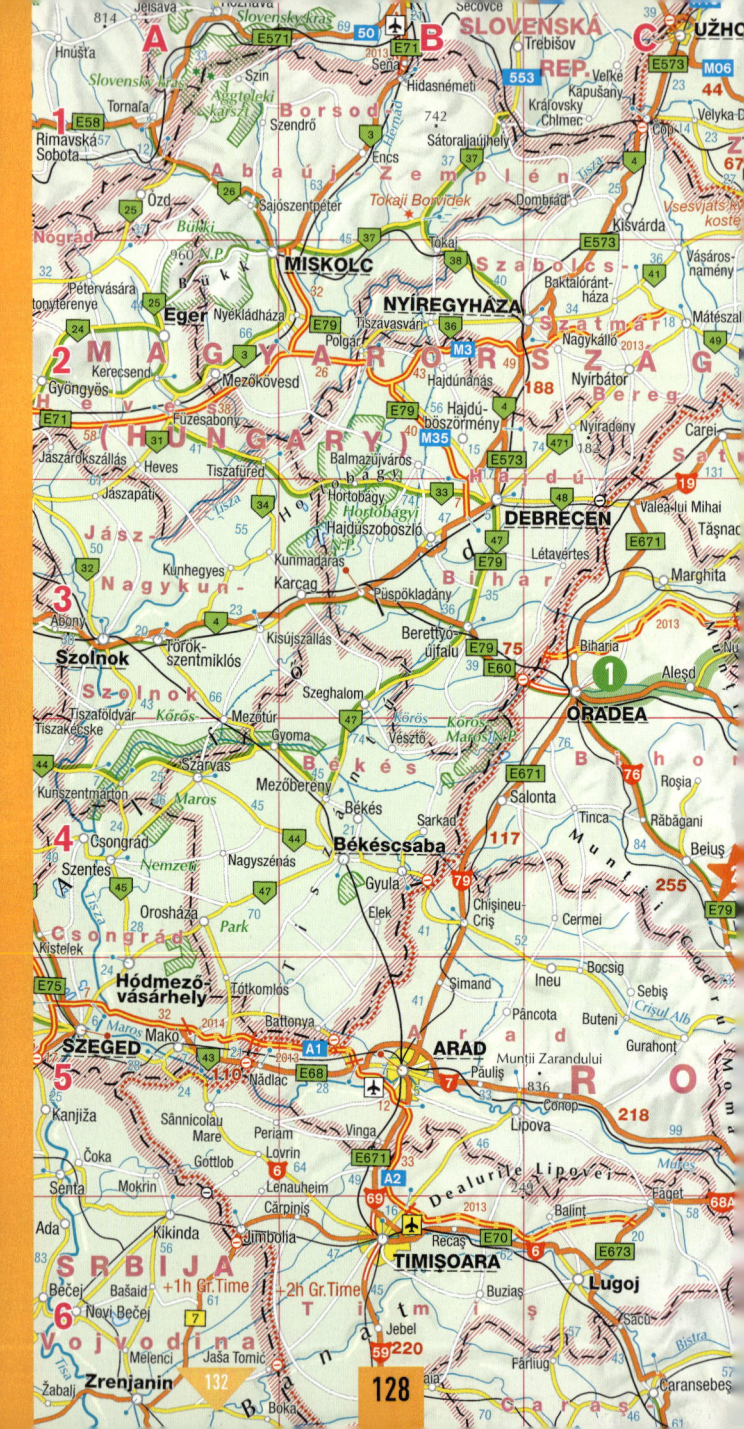

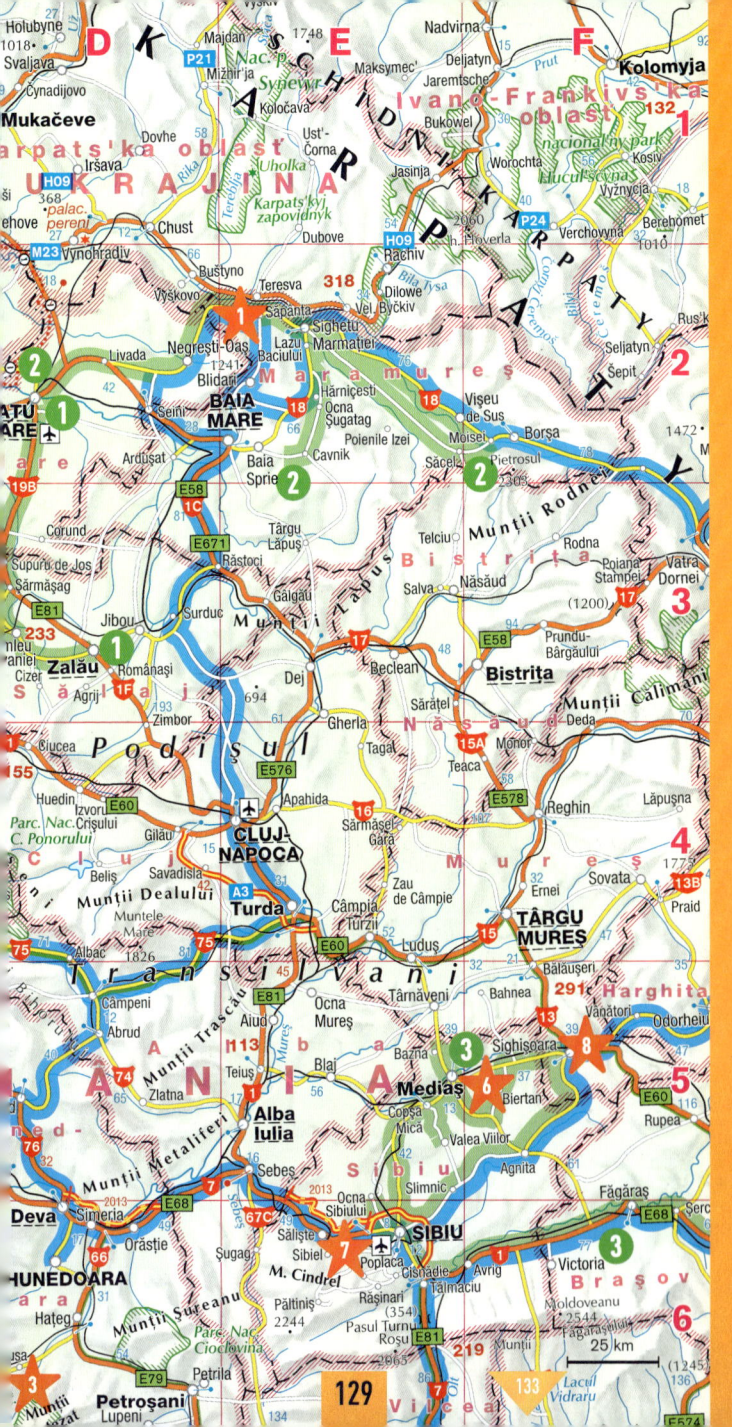

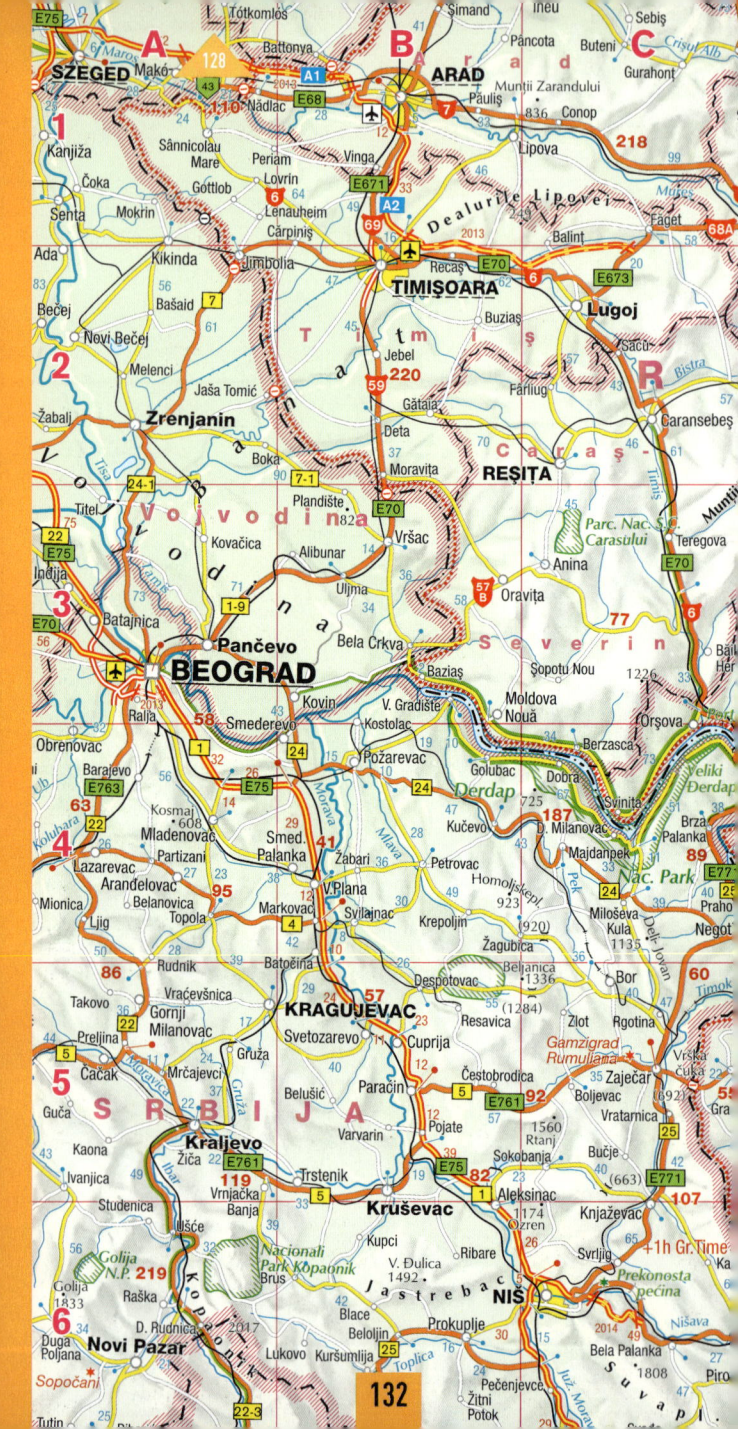

KARTENLEGENDE

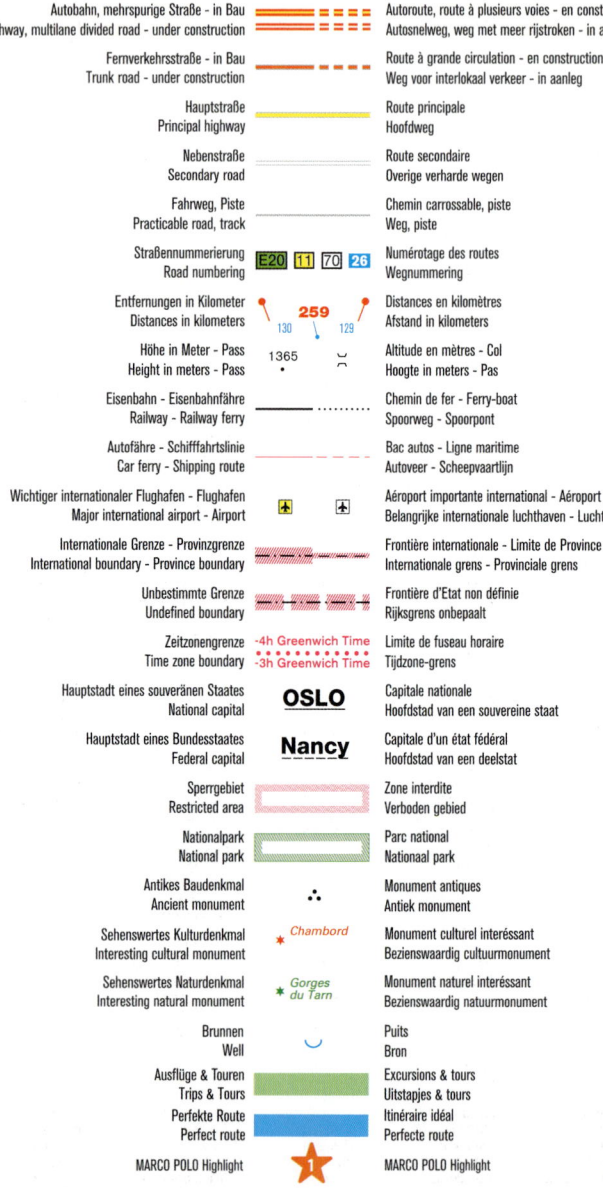

Autobahn, mehrspurige Straße - in Bau	Autoroute, route à plusieurs voies - en construction
Highway, multilane divided road - under construction	Autosnelweg, weg met meer rijstroken - in aanleg
Fernverkehrsstraße - in Bau	Route à grande circulation - en construction
Trunk road - under construction	Weg voor interlokaal verkeer - in aanleg
Hauptstraße	Route principale
Principal highway	Hoofdweg
Nebenstraße	Route secondaire
Secondary road	Overige verharde wegen
Fahrweg, Piste	Chemin carrossable, piste
Practicable road, track	Weg, piste
Straßennummerierung	Numérotage des routes
Road numbering	Wegnummering
Entfernungen in Kilometer	Distances en kilomètres
Distances in kilometers	Afstand in kilometers
Höhe in Meter - Pass	Altitude en mètres - Col
Height in meters - Pass	Hoogte in meters - Pas
Eisenbahn - Eisenbahnfähre	Chemin de fer - Ferry-boat
Railway - Railway ferry	Spoorweg - Spoorpont
Autofähre - Schifffahrtslinie	Bac autos - Ligne maritime
Car ferry - Shipping route	Autoveer - Scheepvaartlijn
Wichtiger internationaler Flughafen - Flughafen	Aéroport importante international - Aéroport
Major international airport - Airport	Belangrijke internationale luchthaven - Luchthaven
Internationale Grenze - Provinzgrenze	Frontière internationale - Limite de Province
International boundary - Province boundary	Internationale grens - Provinciale grens
Unbestimmte Grenze	Frontière d'Etat non définie
Undefined boundary	Rijksgrens onbepaalt
Zeitzonengrenze	Limite de fuseau horaire
Time zone boundary	Tijdzone-grens
Hauptstadt eines souveränen Staates	Capitale nationale
National capital	Hoofdstad van een souvereine staat
Hauptstadt eines Bundesstaates	Capitale d'un état fédéral
Federal capital	Hoofdstad van een deelstat
Sperrgebiet	Zone interdite
Restricted area	Verboden gebied
Nationalpark	Parc national
National park	Nationaal park
Antikes Baudenkmal	Monument antiques
Ancient monument	Antiek monument
Sehenswertes Kulturdenkmal	Monument culturel interéssant
Interesting cultural monument	Bezienswaardig cultuurmonument
Sehenswertes Naturdenkmal	Monument naturel interéssant
Interesting natural monument	Bezienswaardig natuurmonument
Brunnen	Puits
Well	Bron
Ausflüge & Touren	Excursions & tours
Trips & Tours	Uitstapjes & tours
Perfekte Route	Itinéraire idéal
Perfect route	Perfecte route
MARCO POLO Highlight	MARCO POLO Highlight

E20 11 70 26

259
130   129

1365

OSLO

Nancy

Chambord

Gorges
du Tarn

FÜR DIE NÄCHSTE REISE ...

ALLE **MARCO POLO** REISEFÜHRER

REGISTER

In diesem Register sind alle im Reiseführer erwähnten Orte und Ausflugsziele sowie einige wichtige Persönlichkeiten verzeichnet. Gefettete Seitenzahlen verweisen auf den Haupteintrag.

SCHREIBEN SIE UNS!

SMS-Hotline: 0163 6 39 50 20

Egal, was Ihnen Tolles im Urlaub begegnet oder Ihnen auf der Seele brennt, lassen Sie es uns wissen! Ob Lob, Kritik oder Ihr ganz persönlicher Tipp – die MARCO POLO Redaktion freut sich auf Ihre Infos.

Wir setzen alles dran, Ihnen möglichst aktuelle Informationen mit auf die Reise zu geben. Dennoch schleichen sich manchmal Fehler ein – trotz gründlicher Recherche unserer Autoren/innen. Sie haben sicherlich Verständnis, dass der Verlag dafür keine Haftung übernehmen kann. Kontaktieren Sie uns per SMS, E-Mail oder Post!

E-Mail: info@marcopolo.de

MARCO POLO Redaktion
MAIRDUMONT
Postfach 31 51
73751 Ostfildern

IMPRESSUM

Titelbild: Maramures, Kloster, mauritius images: Photononstop
Fotos: Bilderberg: Drexel (3 o., 60/61); EndaRoMania Foundation: Peter Pröpper (16 M.); © fotolia.com: Stefanos Kyrazis (16 u.); Huber: Mehlig (Kappe r., 2 M. u., 3 M., 70/11, 52/33, 57, 74/75, 99); Picture Finder (46); Raccaranello (82), Schmid (15, 24/25, 86, 89, 109); © iStockphoto.com: Thomas Vogel (17 u.); V. Janicke (23, 80); K. Kallabis (30 l.); Laif: hemis.fr (65, 111), Hollande Hoogte (OsKam) (40), Kaiser (98, 115), Kirchgessner (55); P. Mathis (105), mauritius images: Alamy (2 o., 2 M. o., 4, 5, 6, 8, 9, 26 r., 28/29, 29, 43, 78); ib (Boensch) (68), Nebe (83), Photononstop (1 o.), PowerStock (66); MNAC: Emilian Savescu (16 o.); Kai Ulrich Müller (Klappe l., 50); Okapia: Bios/F. Gilson (114 u.), Stefanovic (93); Outdoor Experience (17 o.); M. Rusinek (37); W. Scherz (20); Transit-Archiv: Meinhardt (2 u., 3 u., 72/73, 26 l., 27, 28, 30 r., 34, 38, 44/45, 49, 52, 58, 70, 72/73, 76, 84/85, 90, 94, 96/97, 100, 102/103, 106/107, 110, 114 o., 126/127); B. Ungar (1 u.)

10. Auflage 2014
Komplett überarbeitet und neu gestaltet
© MAIRDUMONT GmbH & Co. KG, Ostfildern

Chefredaktion: Marion Zorn
Autoren: Kathrin Lauer, Koautorin: Beatrice Ungar, Redaktion: Christina Sothmann
Verlagsredaktion: Ann-Katrin Kutzner, Nikolai Michaelis
Bildredaktion: Gabriele Forst
Im Trend: wunder media, München
kartografie Reiseatlas: © MAIRDUMONT, Ostfildern; kartografie Falkkarte: © MAIRDUMONT, Ostfildern
Innengestaltung: milchhof:atelier, Berlin; Titel, S. 1, Titel Falkkarte: factor product münchen
Sprachführer: in Zusammenarbeit mit Ernst Klett Sprachen GmbH, Stuttgart, Redaktion PONS Wörterbücher
Das Werk einschließlich aller seiner Teile ist urheberrechtlich geschützt. Jede urheberrechtsrelevante Verwertung ist ohne Zustimmung des Verlags unzulässig und strafbar. Das gilt insbesondere für Vervielfältigungen, Übersetzungen, Mikroverfilmungen und die Einspeicherung und Verarbeitung in elektronischen Systemen.
Printed in Germany. Gedruckt auf 100% chlorfrei gebleichtem Papier

BLOSS NICHT 👎

Ein paar Dinge, die Sie in Rumänien beachten sollten

BEI DUNKELHEIT AUTO FAHREN

Autofahren in Rumänien ist ein kleines Abenteuer, das sich fast nur auf Landstraßen abspielt. In der Dunkelheit ist es besonders gefährlich, weil viele Pferdefuhrwerke ohne Beleuchtung unterwegs sind und man die Schlaglöcher schlechter sieht.

PROST SAGEN

Man soll sich in Rumänien beim Trinken zuprosten – das deutsche Wort aber dabei meiden. Denn „prost" heißt im Rumänischen „dumm". Für gute Stimmung sorgt der Trinkgruß „noroc", was so viel wie „Glück" bedeutet.

MIT LEEREN HÄNDEN EINEN BESUCH MACHEN

Wenn sich Rumänen besuchen, kommen sie nie mit leeren Händen. Man schenkt eine Kleinigkeit – einen Blumenstrauß, ein Getränk, ein Pfund Äpfel vom Markt oder auch ein paar Brezeln. Schenken Sie Blumen, dann achten Sie auf ungerade Zahlen. Gebinde mit einer geraden Anzahl Blumen sind nur für Tote bestimmt und bringen nach rumänischer Überzeugung dem lebenden Beschenkten Unglück.

ROMA FOTOGRAFIEREN

Es sind schöne Motive, die bunt gekleideten Romafrauen, denen man unterwegs auf Pferdewagen begegnet. Doch wer sie fotografieren will, muss unbedingt vorher fragen. Denn manchen Romaclans gilt das Abbilden als Verlust der Seele. Es kann dem Fotografen aber auch passieren, dass die Roma für das Foto Geld verlangen. Also, lieber nicht.

LOCKER GEKLEIDET EINE KIRCHE BESUCHEN

In Rumänien ist es geradezu in Mode, in der Kirche Sittenstrenge zu zeigen. Frauen in Hosen oder gar Shorts sind dort nicht gern gesehen. In manchen Dörfern betreten Frauen zudem nie ein Gotteshaus ohne Kopftuch. Für Besucherinnen ist zumindest ein Knie bedeckender Rock angebracht. Schulter- und Armfreies besser meiden.

DIE SONNTÄGLICHE SIESTA STÖREN

Der Sonntagnachmittag ist den Rumänen heilig, dann wird geschlafen. Es gehört sich nicht, sonntags zwischen 14 und 18 Uhr jemanden anzurufen oder gar spontan zu besuchen.

MIT VERKEHRSPOLIZISTEN STREITEN

Am häufigsten tappen Autofahrer auf der Durchfahrt durch Dörfer in Radarfallen oder sie überholen an verbotenen Stellen einen Traktor. Wird man erwischt, gibt man am besten alles mit einem Ausdruck des ehrlichen Bedauerns unumwunden zu. Der Verkehrspolizist hat einen Ermessensspielraum, ob er nur eine Geldstrafe verhängt oder ihm den Führerschein einbehält. Ihn wiederzukommen, dauert oft Monate.